明石城
なぜ、天守は建てられなかったのか

神戸新聞明石総局・編

目次

史　料

本書は、２０１８年～２０１９年に神戸新聞明石版で連載された記事を中心に編集しました。

文中の人物の所属等は掲載当時のままで、敬称は原則として略しました。

1章

殿様の真意

なぜ天守は建てられなかったのか

一　謎解き――有事に備え英知を結集

平成31年（2019）年、国史跡・明石城が築城400年を迎えた。人が行き交うまちの中心で、移り変わる風景と人々の暮らしを見守ってきた。東西約380メートルを誇る石垣と、築城当時の面影を残す2棟の櫓《やぐら》は、広がる空の青さに映え、多くの人の心を引きつける。だが、城のシンボルともいえる天守がないばかりに、城としての存在感や威厳に欠けるとも感じていた。なぜ明石城には天守がないのか――。今となっては分かりようもないその答えが、初代藩主の胸の内に迫ることで見えてくるかもしれない。そんな思いに突き動かされ、取材を始めた。

〈関ヶ原の戦いまもない1619年、どうして天守閣を建てなかったのだろう。〉

築城から400年を迎えた明石城に目を向けてもらおうと、明石観光協会が2017年10月に作製したポスターが話題を呼んだ。東西約380メートルを誇る城壁を横長の特大サイズで表現し、抜けるような青空に城壁と櫓《やぐら》2棟の白さを際立たせた。冒頭のキャッチコピーが強いインパクトを与える。ポスターは2019年3月、「第66回日本観光ポスターコンクール」（日本観光振興協会主催）に出品され、１８７作品の中から一次審査通過の50点に選ばれた。

天守がないという〝引け目〟を逆手に取った斬新なキャッチコピーが広く注目を集めた。

「姫路城のように立派な天守があれば、観光の目玉になったのに、との思いがずっと心にあった」

ポスターを作った明石観光協会専務理事の樫原一法が話す。

城といえば大坂城や名古屋城のように豪壮な天守があるイメージが強い。樫原自身、「明石城は天下統一後の平和な時代に、のんきなお殿様がたいした考えもなく造ったお城、ぐらいに考えていた」と打ち明ける。

「でも、調べれば調べるほど、その考えが間違っていることに気付いたんです」

樫原の声はいつしか熱を帯びていた。

明石城は元和４（１６１８）年、徳川二代将軍秀忠が築城を命じたことに始まる。いわば、中央政府による国家プロジェクトだった。

初代藩主は、前年の国替えで信濃松本藩（長野県）から明石に入ったばかりの小笠原忠政（１５９６～１６６７年、後

「なぜ建てなかったのか」。天守がない謎を問いかけるポスター
＝明石市東仲ノ町、明石観光協会

に忠真《ただざね》と改名)。当時20代前半。忠政の妻は、天下の名城と呼ばれた姫路城主本多忠政の娘である。

将軍・秀忠は、築城について義父の本多から指導を受けるよう命じ、建設費用として銀1000貫目を与えた。

今の金額で約31億円にも上る大金だ。

現在の明石城周辺はその頃、雑木の生い茂る小さな丘だった。この約14万3000平方メートルの広大な土地に本丸、二ノ丸、三ノ丸などの城郭、さらには現存する巽《たつみ》櫓、坤《ひつじさる》櫓を含む、平屋、二重、三重構造の櫓計20棟を建てた。

「外堀を入れると敷地面積は姫路城に並ぶ。これほどの城を築いた背景には、西国諸藩に対する監視と備えという役割があったに違いない」

明石市文化振興課市史編さん担当の宮本博は城の図を示しながら、ゆっくりと言葉を継いだ。専門は考古学。明石や神戸の地域史に詳しい元兵庫県立図書館資料課長だ。

「当時は豊臣氏が滅んだ大坂夏の陣が終わってから3年しかたっていない。播磨地方は、幕府の目が届かない西国大名を抑える最前線。重要な拠点だった」

明石城は有事の際に姫路城を支援する後詰めとして、当時の英知を結集して築かれたという。

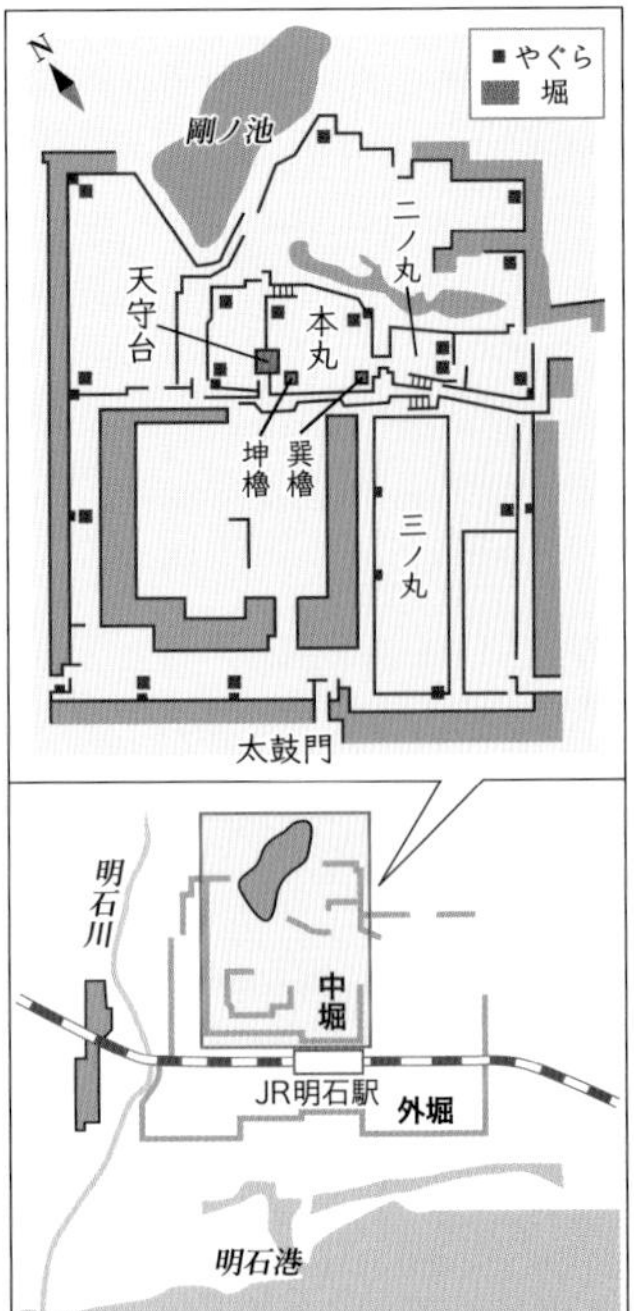

とすれば、忠政は天守台まで造っておきながら、天守を建てなかったことになる。疑問が膨らむ。

死後、書かれた忠政の一代記がある。だが、明石藩時代の記述が少ない上、明石城については「天主ハ終ニ立不申候（天守は結局、建てなかった）」との一文が残るのみ。

天守がないのは、忠政の意思だったのか。それとも主な設計を担った義父・本多忠政が幕府に遠慮した結果なのか。

記者の問いかけに、宮本は「その答えは誰にも分からない。なぜなら、記録がないのですから」と苦笑するばかり。

謎を解くには、当時の時代背景を探るしかなさそうだ。

明石公園は市民の憩いの場。ゴールデンウイークのひととき、スケッチをする人も

◆明石城築城をめぐる経緯

元和元（1615）年	大坂夏の陣で豊臣氏が滅亡。小笠原忠政の父と兄が戦死
元和３（1617）年	忠政が明石藩に入る。明石城はまだなく、近くの船上城に入る
元和４（1618）年	将軍秀忠が築城を命令。建設費用に現在の金額で約31億円を与える
元和５（1619）年	築城開始。幕府の直轄で土塁、石垣、堀などを工事
元和６（1620）年	忠政が入城。城内の建設工事が始まる。天守は建てず
元和７（1621）年	明石港の築港開始。船上港から渡海船などが移る
寛永９（1632）年	忠政が小倉藩に転封。翌年、松平康直が入封するも、入城前に急死

二　戦の備え――鉄砲の〝標的化〟避ける？

江戸時代に描かれた明石城の平面図を眺めていた二宮博志＝東京都＝は、図上の土塀に描かれた小さな「へ」の字に目がくぎ付けとなった。

「屏風折れ土塀ではないだろうか」

二宮は、古城の復元ジオラマ、通称・城ラマを制作する「お城ジオラマ復元堂」（横浜市北区）の社長で城郭復元マイスターだ。

明石観光協会から平成29（２０１７）年8月、明石城のジオラマ制作を依頼された。作業に取りかかろうとした矢先、「へ」の字に折れ曲がる土塀を図上で〝発見〟したのだ。

屏風折れ土塀とは、つづら折りの形をした城壁のこと。直線的な土塀に比べ、銃や弓矢で多方向に攻撃しやすい特殊な構造らしい。

徳川幕府の権力が盤石ではなかった江戸時代前期に築かれた城にみられる特徴という。その年の9月、東北の有力な外様大名に囲まれた山形城（山形市）で初めて遺構が見つかり、歴史ファンの注目を集めたばかりだった。

二宮が初めて明石城を訪ねたのは10年以上前。仕事の合間に足を運んだだけだったから、駅から見

築城時の明石城を復元したジオラマ。重厚な城壁が張り巡らされ、一部が「屏風折れ土塀」になっていた＝明石市東仲ノ町、明石観光協会

える城壁と櫓の印象しか残っていなかった。

絵図をにらんでいた二宮の脳裏に、一つの考えが浮かんだ。

「明石城は激しい戦闘状態になることを想定して造った城に違いない」


幕府から明石城築城の命が下ったのは元和4（1618）年。徳川初代将軍・家康が天下を統一した関ヶ原の戦いから20年近く、徳川幕府の最大の政敵となった豊臣氏を滅ぼした大坂夏の陣から3年が過ぎようとしていた。

「その頃になると、天守を築く必要性は薄れていただろう」。そう指摘するのは、明石市文化振興課市史編さん担当の宮本博。

戦のない世の中になり、軍事的な要塞の機能が不要になったということか。

「その逆です。当時の城の軍事的な価値は依然として高かった」。釈然としない記者の顔を見て、宮本は語気を強めた。

当時は鉄砲による戦が主流になっていた。「だとすれば、わざわざ格好の標的となる天守を築く必要がありますか」と問い掛けた。

実際、この時代には天守台を造りながら、天守は築かれなかった城は少なくないという。兵庫県内では、篠山城（丹波篠山市）がそうだ。

篠山城は、明石城築城の命令が下る9年前の慶長14（１６０９）年、譜代の松平康重が築いた。松平家の家老が残した記録「聞見集」によると、築城の際、家康側近の本多正信が康重に「天守は必要なし。籠城戦の邪魔となる」と伝えたというのだ。

天守は最先端の鉄砲戦に不向き──。そんな考えが広まり、明石城もそれに倣ったとの見方も根強い。

二宮は平成29（２０１７）年8月、明石城を久しぶりに訪ねた。模型制作のため、城の標高や地形、縄張りと呼ばれる設計の詳細を足で確かめるためだ。

明石川という天然の堀、城下町が見渡せる丘陵の立地……。「やはり戦を意識している」。二宮の考えは確信に変わった。

太平の世に移ろうとする時代、初代城主・小笠原忠政はあえて戦を想定した城を築いたのかもしれない。そんな「真意」が、おぼろげながら見えてきた。

理由の一つに、忠政の激しい戦争経験があった。

イベントでにぎわう明石公園。見上げると巽櫓がそびえる

◆天守が立てられなかった城

城の名称	代表的な城主	築城年
篠山城（丹波篠山市）	松平康重	慶長14（1609）年
仙台城（仙台市）	伊達正宗	慶長 6（1601）年
赤穂城（赤穂市）	浅野長直	慶安元（1648）年
米沢城（山形県米沢市）	上杉景勝	暦仁元（1238）年頃（推定）

三　鬼孫――「夏の陣」で武功、明石城主へ

時は慶長20（1615）年。

天下分け目となった関ヶ原の戦いから15年が過ぎ、徳川の支配体制が確立するかどうかの瀬戸際にあった。

初代城主として明石城を築いた小笠原忠政の肖像
（福聚寺所蔵、いのちのたび博物館提供）

大坂城を取り囲んだ徳川方の軍勢はおよそ15万。豊臣氏の命運はまさに風前のともしびだった。

後に明石城主となる小笠原忠政も、信濃松本藩主だった父秀政、兄忠脩《ただなが》とともによろいかぶとをまとい、豊臣方とにらみ合う前線にいた。

「実は忠政は、兄の忠脩とともに、父が出陣した後の信濃藩を守れ、という将軍の軍令に背き、戦場に駆け付けていたんです」

後に小倉城主にもなる忠政に詳しい北九州市立いのちのたび博物館学芸員の守友隆が教えてくれた。

戦が動く。豊臣方の軍勢は一時、徳川家康の本陣に迫るが、ついに力尽き、大坂城は落城する。小笠原の軍勢はこのとき、冬の陣の武勲で名をはせた毛利吉政らと戦った。やり傷を数カ所受けた忠政は重傷。父秀政と兄忠脩は戦死した。

忠政の一代記には、家康が忠政の奮迅ぶりを「わが鬼孫《おにまご》なり」と称賛した、と記されている。「この戦いで忠政は高い評価を得たようです」と守友。戦死した父から藩政を継いで間もなく、徳川幕府から明石への〝転勤〟を命ぜられる。松本時代より2万石の〝昇給〟だった。

忠政は、肉親を失った悲しみを抱きながら、新天地への意気込みと期待に胸を躍らせていたに違いない。

◆小笠原家の系譜

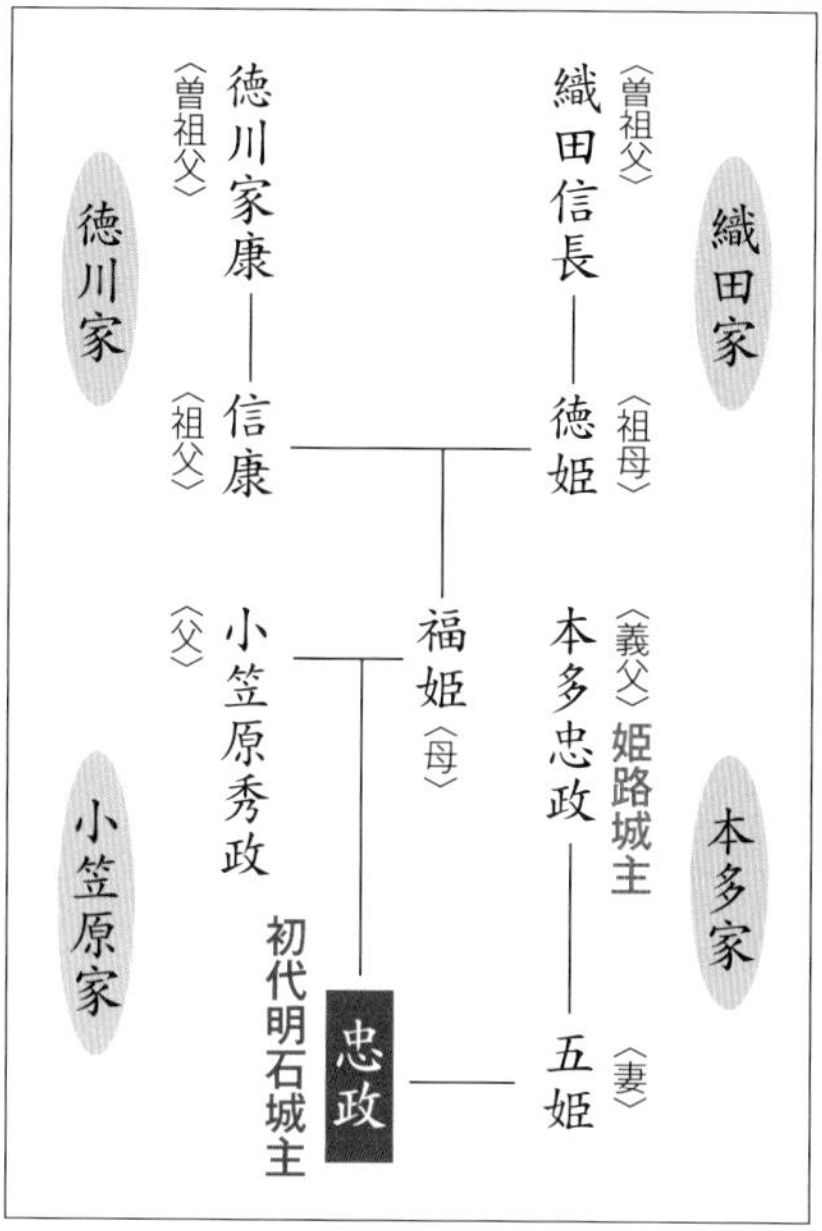

元和3（1617）年に明石入りした忠政に、幕府は明石城の築城という大事業を命じる。妻・五姫の父で同じ頃に姫路城を引き継いだ本多忠政と相談を重ねた。

縄張り（設計）を任された本多忠政は現地を訪れ、蟹坂《かにがさか》（今の明石市和坂）、塩屋（神戸市垂水区）、人丸山（今の明石公園）の3カ所を候補地に絞り、将軍秀忠に絵図などを2度にわたって送った。

将軍に絵図の提出が遅れたのではないかと不安に思っていた本多忠政に、幕府の役人が「御心安く思召さるべく候（心配しなくてよい）」と返答したこともあったという。

築城の経緯が分かる資料として、本多忠政の書状が残っており、実質は本多忠政が幕府とのやり取りを担ったようだ。築城にたけた本多の考えが色濃く反映されたプランだったろうことも、想像がつく。かつて将軍の軍令に背いて出陣した経験を持つ忠政は、幕府との細かなやり取りに気を遣う義父の姿にどんな思いを抱いただろう。

本多忠政のプランが採用され、元和5（1619）年正月に工事が始まった。石垣や土塀、堀などの土木工事は国の公共事業となり、わずか7カ月ほどでおおむね完成。その後、忠政が御殿などの建設工事に取りかかった。

計20を数える櫓の配置などから「戦への強い意識がうかがえる」と考える守友は、「そんな忠政だから、櫓でも代用できる天守を築く必要はないと考えたのかもしれない」と説く。

それでも疑問は消えない。将軍の命令に背いてまで戦や武勲にこだわった忠政が、城主の誇りともいえる天守に未練はなかったのだろうか。自身の願望と、幕府の意向に気を遣う義父との板挟みに

城内から見える風景を撮影する人たち。明石海峡大橋も見える

苦しんだのではないだろうか。

　そんなとき、城の復元ジオラマを手がけた城郭復元マイスターの二宮博志が「やっぱり、忠政は天守を建てたかったんじゃないかな」とぽつり。

　忠政が、九州にいる親族の城主から天守を譲ってもらう話をしていたことを示す史料があるという。元和５（１６１９）年、小倉城主・細川忠興が宛てた書状だ。

四　城主の誇り――幻に終わった移築計画

「小笠原右近（忠政）殿へ、いつぞや御約束申し候中津の殿主儀（天守）、右近殿次第に渡さるべく候」――。

現在の九州北東部、豊前小倉藩主の細川忠興が元和５（１６１９）年5月、息子忠利に宛てた手紙の一文である。

小笠原忠政の準備が整い次第、約束していた中津城（大分県）の天守を渡すよう記している。忠利の妻は忠政の妹だ。

「細川が話を持ち掛けたのか、忠政が頼んだのか。約束の詳細は不明だが、天守を移築する計画があったことは確認できる」

北九州市立いのちのたび博物館学芸員の守友隆が教えてくれた。

徳川幕府によって一国一城令が出されていた時代。小倉城を居城とする細川は早く中津城を取り壊し、幕府への忠誠を示す必要があったとみられ、「将軍の信任厚い忠政に恩を売っておくのも得策だと考えた可能性はある」と守友。

手紙が書かれた頃、明石城は国直轄の土木工事のまっただ中。明石藩、つまり忠政による城郭などの建設工事が控えていた。

経緯はどうあれ、約束を交わしたということは、やはり忠政は城のシンボルともいえる天守がほしかったのだろうか。

ひっそりとたたずむ天守台。台上にまで登る人は少ない

ただ、その後も明石城の天守台に天守が建てられた形跡はない。

一方、中津城は遅くとも手紙の2年後の元和7（1621）年には天守台だけになっている。守友は「船で運ぶ計画だったようだが、途中で船が沈んだか、計画自体が中止になったのか……。残念ながら、記録には何も残っていない」と話す。

明石城への天守の移築は幻に終わった。

当時、天守の移築は盛んに行われたようだ。

「日本100名城」などを選定している公益財団法人「日本城郭協会」（東京都）によると、慶長9（1604）年に建築が始まった彦根城（滋賀県）も天守閣を大津城（同）から移したとされる。城主の井伊家の歴史を記した史料には「天守は京極家の大津城の殿主也」とある。

理由の一つに一国一城令がある。取り壊しが必要な城が増えたのだ。もう一つは、急ピッチで築城する必要があり、移築の方が早いとの判断もあったようだ。

「当時の各藩の懐事情も大きかったのではないか」。明石市史編さん担当の宮本博は推測する。

築城にはばく大な費用がかかった。戦国時代から太平な徳川の治世に移っていく中、かつてのような大幅な収入増（石高の増加）は見込めなくなり、明石城のような国直轄事業でもなければ、各藩は限られた財源で築城しなければならなかった。天守に限らず、廃城した部材を新城に使うことも多かった。

明石城でも移築があった。明石駅からもよく見える坤櫓は京都の伏見城か

◆天守閣が移築された例（日本城郭協会による）

【移築元】		【移築先】
伏見城（京都市伏見区）の天守閣	→	二条城（京都市中京区）の天守閣
二条城（京都市中京区）の天守閣	→	淀城（京都市伏見区）の天守閣
清洲城（愛知県清須市）の天守閣	→	名古屋城（名古屋市中区）の西北隅櫓
大津城（滋賀県大津市）の天守閣	→	彦根城（滋賀県彦根市）の天守閣

JR 明石駅のホームから眺めると城の全体像がよく分かる。知る人ぞ知る絶景ポイント

ら、近隣の高砂城や三木城からも建築部材が運び込まれ、再利用された。その流れの中で、天守をはるばる大分県から移築する計画が浮上したのかもしれない。

元和６（１６２０）年、忠政が明石城に居を移した後も築城工事は続いた。それでも天守台の上には何も築かれなかった。

明石城は城として〝未完〟だったのだろうか。

「いや、そんなことはない。むしろ自然の地形を巧みに利用し、これ以上ないほど立派な城に仕上がっていた」。城の模型を手がけた城郭復元マイスターの二宮博志は断言する。

城の威容は、その後の明石の繁栄に大きく影響することになる。

五　威容――戦意失わせ、平和を導く

石垣の上からは南に広がる瀬戸内海が一望できる。西には天然の堀・明石川が流れる。東は隣接する両馬川（旧）が敵の侵入を防ぎ、二重の堀で城郭を守る。

天守こそないが、南西にそびえる坤櫓が、天守にも相当する堂々たる威容を誇っていた。

「完成した明石城を見れば、やすやすと攻略できないことが容易に分かっただろう」

そう称賛するのは、城の模型を手がけた城郭復元マイスター・二宮博志だ。

そんな明石城の築城が始まった元和5（1619）年、戦の緊張がにわかに高まる〝事件〟が起きた。

中国地方の有力外様、広島藩の福島正則が城の無断改築を理由に四五万石という大幅な〝減給〟の上、左遷（改易）された。

「不服とした福島の家来が蜂起するのでは」

そう考えた明石城主・小笠原忠政は急遽、出先の京都から明石に戻った。幕府の命令で、交通を封鎖する番所5カ所を設け、海上を警戒した。結局、蜂起は起きず、明石の海は平穏のままだった。

この時期を境に、徳川幕府の治世は安定する。

築城中の明石城も当初の計画が変更され、軍事面よりも居城の役割に重点を移したとも読み取れる史料が残っている。

忠政に詳しい北九州市立いのちのたび博物館学芸員の守友隆が一つの考えを示してくれた。

円形の狭間（さま）から望む城下の風景

「軍事的な理由で城に天守をほしがった忠政が、情勢の変化から『もはや必要はない』と考え直したとも推測できる」

寛永9（1632）年、忠政は九州に転勤する。それ以後も明石は海上交通の要所、「うを（魚）」のまちとして繁栄を続ける。

今も買い物客や観光客でにぎわう「魚の棚商

店街」もこの頃にできた。

「天守はなくとも城が平和をもたらした。そんな想像もできる」と話すのは明石市文化振興課文化財担当課長の稲原昭嘉。

明治維新以降、長らく公園として親しまれてきた明石城。文化財として注目されたのは、櫓が傾き、石垣が崩れるなどの被害が出た平成7（1995）年1月の阪神・淡路大震災があったからだ。大規模な修復に合わせ、ようやく本格的な学術調査が実施された。

「城の長い歴史に比べ、調査で明らかにできた事実はまだ少ない。ただ、分からないからこそ、大きなロマンをはせることができる」

稲原がほほえんだ。


さて、小倉藩へと移った忠政はその後、どんな人生を送ったのか。

「外様大名からも信頼される藩主だったようだ」と守友。九州には当時、幕府に弓を引く可能性のある有力な外様がいた。かつて軍令に背いてまで戦に出た忠政は、積極的な「婚姻外交」などで周辺の大名との関係を強化。徳川治世の浸透に身を削り、寛文7（1667）年に亡くなった。

◆明石城に関する過去の学術調査（明石市文化振興課まとめ）

- **昭和52～54（1977～79）年　明石公園再整備に伴う調査**
  第1次（52年1～3月）本丸、二ノ丸、東ノ丸周辺部の地層調査
  第2次（53年7～10月）本丸、二ノ丸、東ノ丸、稲荷郭整備に伴う地層調査
  第3次（54年8～10月）剛ノ池、桜堀などの地層と石垣を調査
- **昭和60（1985）年2月　雨水管敷設に伴う三ノ郭の発掘調査**
- **平成7～8（1995～96）年　阪神・淡路大震災からの修復・復興に伴う調査**
  第1次（7年8～11月）石垣とその周辺調査
  第2次（7年8月～8年3月）太鼓門、西・東不明門の断面調査
  第3次（8年5～9月）東帯郭などの石垣、巽櫓と坤櫓の調査

明石城を眺めながらちょっと一息。穏やかな時間が流れていく

再び明石観光協会を訪ねた。明石城の特大ポスターには「なぜ、天守がないのか」との問いに一つの答えが示されている。「忠政が争いのない平和な城を築こうとしたのかも」と。「城の守りを最大限高めて相手の戦意を失わせ、戦にさせない。それこそが忠政の狙いだったのかもしれない」。記者の問いに稲原がつぶやいた。

築城から平成31（2019）年で400年。天守を築かなかった忠政の真意は、誰にも分からない。ただ、何もない天守台から眺める城下では、今も昔も人々の平穏な営みが続いている。

特大明石城　ダブル入賞

築城４００年ＰＲポスター

２０１９年に築城４００年を迎える明石城をＰＲするため、明石観光協会が作製した特大ポスターが「第66回日本観光ポスターコンクール」と「第71回広告電通賞」でダブル入賞を果たした。協会は「築城４００年を広く発信するきっかけにしたい」と喜んでいる。

ポスター（縦約1メートル、横約3メートル）は、城内に台まで造られながら天守閣が築かれなかったことへの問いかけが主題。澄んだ青空と真っ白な二つのやぐらを横長サイズに写し込んだ。明石公園のサービスセンターなど同市内2カ所に掲示されている。

日本観光ポスターコンクールは日本観光振興協会（東京都）が主催。全国の自治体などから１８７点が寄せられ、53点が1次審査を通過。インターネットによる投票などを経て、優秀作品12点の一つに選ばれた。「横長の石垣からあえてポスターを大きくした意味が伝わる」と評価された。

広告電通賞には１４４８点の応募があり、広告主やクリエーターら約５００人でつくる審議会が審査。明石城のポスターは「駅・流通メディア部門」で最優秀に次ぐ優秀賞に選ばれた。

明石観光協会の樫原一法専務理事（48）は「あまり知られる機会がなかった明石城と築城４００年の節目を全国にＰＲする好機としたい」と話す。（小西隆久）

神戸新聞２０１８年６月16日

コンクールでダブル受賞した明石観光協会の特大ポスター（明石観光協会提供）

2章

守りて、在り

櫓を救った士族の軌跡

一　騒　然

――廃城令で解体の危機　薩摩の二の舞避けねば

平成31（２０１９）年、築城４００年を迎えた明石城。武士の世が終わり、日本がかけ足で近代化を目指した時代、取り壊しの危機に直面した。守ったのは特権をことごとく失った士族たちだった。

取材は、辛うじて残った史料の点と点をつなぐ作業になった。物語をつむぐため、史料に基づく想像力を可能な限り働かせた部分もある。存続に力を尽くした一人の男の目を通じ、激動の時代をつづりたい。

明石城内への入り口、太鼓門に続く南北の大通りを足早に歩く男がいた。まげはなく、眼光が鋭い。

〈暑い。こう暑くては盆入りの「迎え団子」はもう食べられまい――〉

急がねばと気がせく一方で、妻のつねが昨日、大豆に餅米を少し混ぜて石臼をひいていた様子が、なぜか頭をよぎる。

男の名は石巻清隆。

旧明石藩の士族で、大阪上等裁判所判事の役にあった。

大明石村（現・明石市）の日はすでに高く、通りに影はまったくなかった。

通りの両脇には、荒れた武家屋敷や古道具、雑貨を商う小店が並ぶ。昼前どきということもあり、往来がせわしないが、笑い声や商う声は石巻の耳に届かない。

先日、同じ士族からもたらされた重大な知らせが耳から離れない。この難事をどう乗り切るか。数日来、そのことばかりに頭を巡らせていた。

明治14（1881）年8月。突如として現れた男たちによって、明石城の北東を守る艮櫓《うしとらやぐら》の解体が始まった。

晩年の石巻清隆
（国立国会図書館デジタルコレクションより）

工事を指揮する世話人の男によると、神戸区（現・神戸市）に開校予定の相生学校の校舎建築に、櫓の部材を使うという。近代化に遅れを取ってはならぬと急ごしらえで敷かれた学制は、学校建設の用材不足を招いていた。

駆け付けた士族の一人が血相を変え「いったい、誰の許しを得ておるのか」と世話人に迫った。刀を持っていたら、抜いていたかもしれない。

「県から払い下げを受けたのだ。もう櫓は学校の所有物となっておる」

世話人の男は鼻にも掛けないといった様子で、集まった士族たちを見据える。

「そんなことはあり得ぬ。県とは櫓を取り壊さない旨の約束を交わしておる。何かの間違いであろう」

別の士族が食ってかかるが、押し問答は平行線をたどった。その間も男たちは壁を崩し、櫓の柱を一本、また一本と外し、本丸の広場に積み重ねていく。

城下は騒然となった。


明治6（1873）年1月、新政府が各藩に一つの太政官布告を発した。いわゆる「廃城令」である。すべての城や陣屋、練兵場、砲台に至るまで新政府の管轄下に収められ、軍事拠点としての利用価値を規準に「存城」と「廃城」に分けられた。廃城とされた城のうち、県庁などに利用されていない城郭などは民間に払い下げられた。

萩城（山口県）、津山城（岡山県）……。各地で城郭が取り壊され、城地は開墾された。

明石城。石垣と白壁の美しさが周囲の緑に映える。平成31（2019）年、築城400年を迎えた（平成30年11月、明石市上空から、兵庫県園芸・公園協会提供）

明石城も例外ではなかった。

すべての領土と人民を朝廷に返還する明治2（1869）年の「版籍奉還」を機に明石藩にも時代の波が押し寄せる。銀行や公立病院が次々と建ち、明石郡役所や裁判所が開設された。急激な変化に最も翻弄されたのは、藩という「職場」を失った士族たち。その上、明石城の大事な櫓まで取り壊されてはたまったものではない。

「このたびの県の不義は許せるものではない。断固たる詰問をすべし」

士族たちは、屋敷や商家の2階に集まり、話し合った。飛び交う怒号には加わらず、じっと考え込む男がいた。石巻である。

〈薩摩の二の舞だけは避けねばならぬ〉

石巻の脳裏には旧薩摩藩の士族が新政府軍と激しい砲火を交えたいくさがあった。「西南の役」は、わずか4年前の出来事だった。

二　評定——怒れる士族、城下に集う　藩外からも500人詰めかけ

明治10（1877）年9月24日、西郷隆盛率いる旧薩摩藩士の軍勢372人は、鹿児島の城山で新政府軍に追い詰められていた。

午前4時。覚悟を決め、一斉攻撃をかけた士族たちに、容赦ない砲撃が撃ち込まれる。士族はことごとく討伐され、維新の大功労者、西郷でさえ自刃した。4年を経てなお、逆賊の汚名はそそがれていない。

この「西南の役」以降、新政府に不満を抱く士族の動きは急速に衰え、無力感だけが残った。

〈力で新政府には勝てぬ。さりとて……〉

石巻清隆は、官吏として赴任中の長崎で「西南」の悲惨さを聞いた。だからこそ、城を無血で存続させる道の険しさを誰よりも知っている。

だが、石巻の思いとは裏腹に士族たちの怒りは激しさを増していった。

すでに藩外に出ていた士族たちまで、続々と明石に舞い戻った。刀こそないものの、城下はいくさ前のような不穏な空気に包まれた。「これは天下の一大事や」とばかりに、家財道具を荷車に積み込

んで逃げ出す町民もあった。

明治14（1881）年8月14日、士族たちは大規模な評定を開く。詰めかけたのはおよそ500人。この騒動を記した公文書は、県にも国にも残っていない。ただ遠く離れた東京日日新聞が連日、その動向を報じ、広く注目を集めた。

評定のまとめ役には、裁判所判事の石巻と、石巻よりやや年配で、家老を務めた家柄の、大明石村戸長（現在の村長）・美濃部寛が選ばれた。

石巻は天和2（1682）年、大野藩（現・福井県大野市）から明石藩に移った八代藩主・松平直明に帯同した武士、石巻頓入の流れをくむ。

家臣が書き残した「座並帳《ざなみ》」によると、父は勘右衛門清穣。禄高200石、藩主に仕える側近の頭目、「近習頭」の格にあった。

息子の清隆は幼少よりその才を発揮し、明石藩内にあった私塾・集義堂で軍学者の宮崎官次郎に師事した。

師の宮崎は、質素倹約を常として自他に厳しく、いつも綿の衣服しか身に着けなかった。常用の下駄にはヤシの皮を自ら編んだ鼻緒を用いた。御目付30俵3人扶持《ぶち》と、決して高い格ではなかったが、その清廉さが多くの子弟に慕われた。

剣法や槍術にたけた宮崎は慶応2（1866）年、第二次長州征討に軍師として出陣する。幕末ま

明治初年ごろに撮影された明石城の太鼓門。現存する中で最も古い城の写真（明石市提供）

で太平の世が続いたこの時代、実戦を経験した数少ない武士の一人だった。

兵法だけでなく、儒学にも通じていた宮崎の教えを石巻は、真綿が水を吸い込むように学んだ。

武士として、常に藩主を胸に抱く師の姿に「自分もかくありたい」と憧れた。

維新後、石巻は千人いた士族の中から、新政府の官吏に選ばれる〝栄誉〟に預かった。

藩主が徳川将軍家の系譜に名を連ね、幕府の親藩だった明石藩はこの頃、押し寄せる海外列強から海岸を防衛する役目にあった。

藩主・松平慶憲《よしのり》は、その国家的な役割を献身的に果たす一方で、次期藩主の直致《なおむね》に京都で天皇との対面を果たさせ、朝臣としての立場も確立していく。

藩内では、攘夷だ、佐幕だと藩士たちが割れることもなく、明治という新時代を驚くほどすんなりと受け入れていく。「版籍奉還」で領土と人民を朝廷に返還した明石藩だったが、石巻も新しい時代に適応していった。

新政府では熊谷県（現・埼玉県北部など）の少書記官となり、新たな国造りを担う希望と責任に胸を膨らませていただろう。

兵庫、長崎、神奈川、東京と転勤を重ねていくが、明治11（1878）年5月、山形県に移り、大きな挫折を味わう。

「鬼県令」と呼ばれた三島通庸《みちつね》との出会いである。

三　約束――私情にこだわってはならぬ　県、入札を一方的に取り消す

列強の仲間入りを急ぐ国家に合わせ、地方の近代化もその歩みを急激に速めていく。山形県令・三島通庸は旧薩摩藩士。藩内の過激な尊皇派が粛清された「寺田屋事件」で謹慎処分となりながら、新政府の要、大久保利通に取り立てられた。トンネルや道路、橋などの公共事業を次々に進め「土木県令」と呼ばれた。

出来上がったインフラは、平成が終わろうとする今も健在なほど頑丈だが、住民に重い税を強いるやり方が波紋を呼んだ。

「今は政費を節減し、民の負担を軽減して民力の回復に務めるべき」。石巻はたびたび進言し、三島と衝突した。

部下の訴えに耳を貸さない県令に嫌気がさし、出張に次ぐ出張の中で湯治も効かないほど疲れ果てた。

ついに石巻は休職に追い込まれる。明治12（1879）年8月のことだった。

約1カ月の休職中、石巻は何度も明石城に立ち寄っている。櫓《やぐら》を見上げ、最後の藩主となった松平直致《なおむね》の姿を思い浮かべたことだろう。

月照寺山門。明石城の藩主居屋敷にあった切手門を移築した＝明石市人丸町

幕末の動乱の中、父から家督を継いだ直致は、藩知事就任のわずか2年後、他藩と同様にその職を解かれる。それどころか城も追われ、東京へ移った。「臣民を思えばこそ」。戦火を避け、新政府への恭順を選んだ直致の心情は痛いほど分かった。

だが、今度ばかりは「民を思えばこそ」、三島に従うわけにはいかない。新政府に歯向かう行為ではあるが、直致なら「おぬしらしいな」と笑ってくれる気がした。

そんな石巻に、大阪上等裁判所勤務の辞令が下る。〈自らが頼むのは法の理なり〉石巻はそんな決意を固めただろう。自著「法理概言」をしたためたのもこの頃だ。行政官から司法官へ。

2年後、石巻に明石城の危機が知らされる。

「廃城陣屋（中略）今般広く入札をもって払い下げ申し候」

明治9（1876）年8月、政府の「廃城令」を受け、県は廃城を払い下げる布告を出す。

明石城も対象になった。

士族が注目する中、旧明石藩士、高橋房男が落札する。落札額や入札内容を知るすべはないが、津山城に当時の金額で1125円、萩城の天守や櫓など22棟に計1348円3銭の値が付いた、との記録から推測はできる。

「これで取り壊しはあるまい」。安堵《あんど》もつかの間、県は一方的に高橋の落札を取り消した。

県令森岡昌純《まさずみ》は翌10年5月、改めて出した布告で、その理由を「見込み違い」や「苦情の申し出」があり「不都合につき、取り消す」と説明。納得がいかない士族には「櫓は今後、取り壊さない」と約束した。

このとき森岡は、すでに薩摩で起きた「西南の役」のような不穏さを、明石に感じたのかもしれない。

同年9月、大明石村戸長の美濃部寛らによる「城

▼騒動の史料どこへ

明治14（1881）年8月に起きた明石城の存続をめぐる騒動についての史料は、県にも国にも存在しない。

唯一、残るのは「東京日日新聞」の記事だ。確認できる限り、計3回にわたって明石城の動向を伝えた。『明石市史』や『明石公園百年史』でも、同紙の記事を転載する形で当時の様子を伝えている。

元県立図書館資料課長で、明石市史編さんなどにも携わった宮本博は、「明石公園の所管が、明石藩から民営、そして郡立というようにめまぐるしく移り変わる中で公園史料の散逸が避けられなかったのでは」と推測する。

今回、辛うじて点々と残った史料をつなぎ合わせ、石巻清隆ら士族の物語を紡いだ。記者の想像を働かせざるを得なかった面もあることは、ご理解いただきたい。史料の乏しさは、この時代の激動ぶりを裏付けている。

の櫓は必ず保存されたし」との申し出も、しぶしぶ受け入れた。

にもかかわらず、その4年後、櫓が一方的に解体される。士族たちが怒るのも無理はなかった。

明治14（1881）年8月14日。城内の本丸を埋め尽くす士族たちの評定（会議）は、夜が更けても続いた。その数500人。

藩政時代なら城代格にあった林という男が立ち上がり、叫んだ。

「存城の願いが果たされぬならば、いっそのこと城に火を付け、すべて燃やしてしまえ。それこそが我ら士族の務めではないのか」

明石城絵画コンクールより「見上げるお城」
山手小6年・曽田琉星さん

そうだ、そうだ——呼応する声が続く。仲間の興奮が逆巻く炎のように高まっていくのを、石巻は危ういと感じた。

「大恩ある若殿のお言葉を忘れたか」

石巻の一声に、城内が一瞬、水を打ったように静まり返る。士族の胸に去来したのは、君主松平直致が最後に残した「私情にこだわってはならぬ」との一言だった。

四　籠　城——無為な行い、何も生まぬ　刀を筆に、命運握る書状

明石藩最後の藩主・松平直致は嘉永2（1849）年、16代藩主・慶憲の長男として江戸の本邸で生まれる。

幼名を薫次郎といった。

幕政が傾き、新時代を迎えつつある中、親藩という立場にあった明石藩のかじ取りは、難しいバランスが要求された。

幕末期、ペリーの来航に慌てた幕府は、海からの侵入口がある諸藩に海岸防衛の強化を命じる。明石藩は苦しい財政の中、神戸海軍操練所の勝海舟、坂本龍馬らの手を借りて舞子に新たな砲台を築く。尊皇派に傾く諸藩の監視役、朝廷の警護役も、求められるままに就いた。

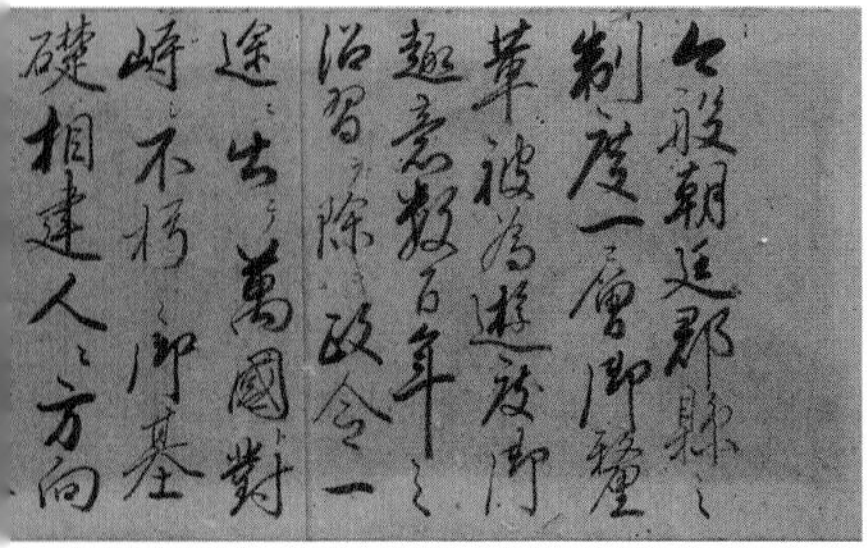

一方、幕府が親藩にたびたび外交に対する考えを聞いてきたが、藩主・慶憲は「恐れ多く、許されることではない」と明確な回答を避けた。形骸化していた朝廷からの爵位授与では、息子の直致に孝明天皇とわざわざ対面を果たさせることで、新政府側に服従する姿勢もみせた。

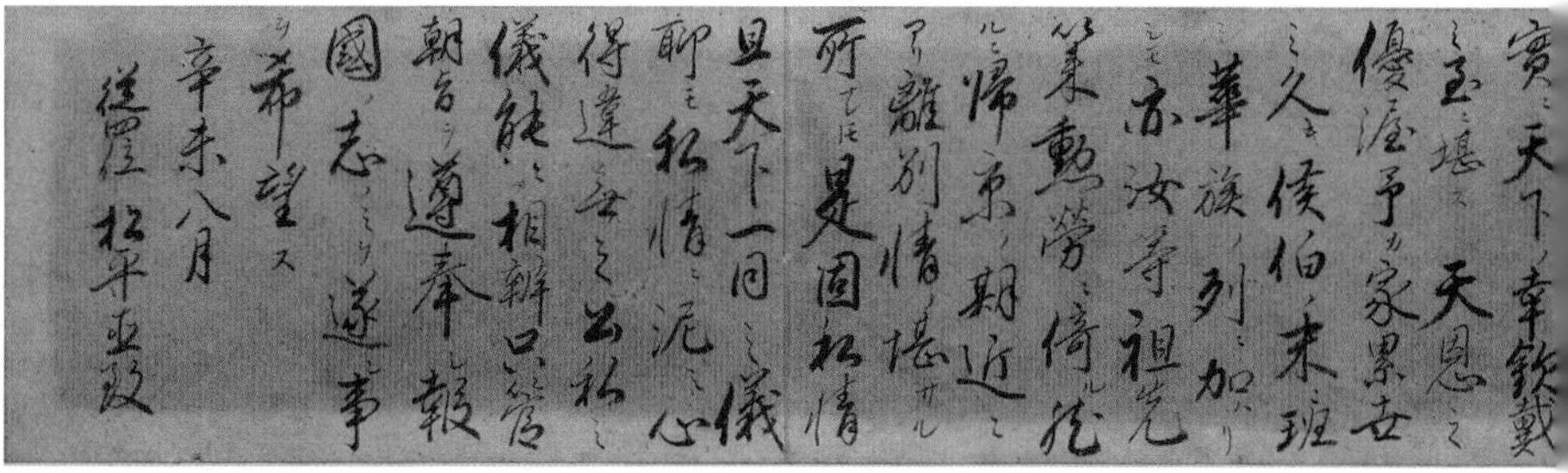

最後の明石藩主、松平直致の言葉をしたためた「離別の書」（個人蔵）

明石藩が両者から攻められることなく、新時代に〝軟着陸〟できたのは、慶憲らの「玉虫色」の対応の功績といってよい。

明治維新後、明石を取り巻く行政組織はめまぐるしく変化した。

明治2（1869）年。すべての領土と人民を朝廷に返還する「版籍奉還」を経て、父慶憲から藩主を継いだばかりの直致は、明石知藩事に任命された。

2年後、「廃藩置県」で明石県が発足するも、わずか4カ月で姫路、龍野、赤穂などの9県と統合され、姫路県に。さらに飾磨県へと名称が変わり、同9年に現在とほぼ同じ県域を抱える兵庫県が誕生した。

廃藩置県に伴って知藩事職を失った直致は、同5（1872）年、父慶憲と連れ立って明石城を去る。その際、直致は領民や臣下に宛て、言葉を残した。

「離別の情は堪えがたいが、もとより私情にこだわってはならず、公私をよくわきまえ、ひたすら政府（天皇）の意向を遵奉し、報国の志のみを遂げてほしい」

城門を出て、大通りをゆっくりと進む直致の一行を、家臣、領民らが平伏して見送った。

その一人、画家橋本関雪《かんせつ》の父、海関《かいかん》は著書『明石名勝古事談』にその時の情景をつづっている。

〈臣民ただただ涙に暮れ、一行が見えなくなるまで伏したままであった―〉

そんな直致の言葉は士族の胸に強く刻み込まれただろう。石巻清隆の一言は、士族たちの激高をひとまず収めた。

一方で、「城を守る」との思いを静かに、さらに強く燃え上がらせた。


評定翌日。士族たちの「籠城も辞さず」との強硬姿勢に、兵庫県は慌てた。少書記官県令森岡昌純はすぐさま、の篠崎五郎に明石出張を命じる。

「無為な反乱を起こさせてはならぬ」

篠崎はこの一言ですべてを理解し、直ちに明石へと向かった。

森岡も篠崎も旧薩摩藩士。わずか4年前に故郷で起きた悲劇と、絶大な信頼を寄せた西郷隆盛の最期に胸を痛め

▼「廃城令」呼称は誤り？

明治新政府による太政官布告を「廃城令」と呼ぶことが多いが、論文「存城と廃城」を著した元検事の城郭研究家、森山英一＝神奈川県川崎市＝は「誤った理解に基づく呼称だ」と強調する。

森山によると、「存城」となったのに兵舎の建設で櫓が壊された名古屋城や、「廃城」となったのに姿を残した高取城（奈良県）などがあるという。

明石城については「士族が中心になって保存に取り組み、認められた特異な例」と森山。

なぜ「明石城公園」にしなかったのか。この問いには、「当時は城跡であって城ではないのだから当然。旧幕府の親藩だったので政府と事を構えたくなかったのでは」と推測する。

さらに「明石城の保存運動が政府の方針を変更させた。住民に任せればいいと」と、その功績を語る。

ていただろう。

午後、篠崎は大明石村の東、現在の上の丸にあった石巻の屋敷を訪ねた。

〈明石城絵画コンクールより〉「刻が過ぎ」鈴木信子さん

「このようなことで政府に対抗し、命を散らすことほど無念なことはない」と士族たちに懇々と訴えた。

「西南の役」のような争いが士族たちに何を残したのか、よくよく考えてみよ、と。

「まずは書状にて、県令に保存を嘆願されるが筋ではないか」

篠崎の言葉に、石巻は無言でうなずく。

その日の深夜。士族たちが帰り、静まりかえった屋敷の書斎で、石巻は目を閉じ、端座した。

目を開いた石巻は、やおら筆を執り、ゆっくりとしため始める。

「当城内　現状保存の儀、願い」

こう書き出した一枚の書状が、明石城の命運を決めることになる。

明治14（1881）年、8月15日のことだった。

五　願書——公園化で「名勝」保存を　待ちわびた認可に歓喜

〈当城内は、海辺の名所にして清雅なること近隣でもまれであり、普段から外国人もたびたび足を運ぶ所なり。城の櫓も風致を増すものであり、永遠に保存してわが国の名勝を失わぬようにしたいのである〉

石巻清隆は、切々とした願書に士族たちの願いを盛り込み、県の不見識を突く、鋭い問いかけで結んだ。

〈（解体は）わが国の名勝を思わざるの次第にあらずや——〉

署名には、今は亡き師・宮崎官次郎の息子、柳太郎を筆頭に15人を連ねた。

千人を超える子弟がいたとされる師の威光は、死後9年を経てもなお、健在であった。

「悪いようにはせぬ。しばらく沙汰を待たれよ」

県少書記官の篠崎五郎は、石巻が手渡した願書を携え、神戸に戻った。

自らと同じ士族たちの切々たる訴えに心が動かされたか、それとも官僚として、管轄内の騒乱を一刻も早く収めたい一心であったのか。いずれにせよ、県令の森岡昌純は「願いの内容をしばらく詮議する」とした上で「将来の（明石城）維持について、具体的な方法を考え、改めて願い出よ」と注文した。

明石城の巽櫓。石垣と白壁の美しさに息をのむ（兵庫県園芸・公園協会提供）

どうすれば城を、櫓を現状のまま保存できるか。

石巻には、ある考えが浮かんでいた。山形県の少書記官だった頃、何度も耳にした米沢城のことだ。

山形県は庄内藩、山形藩など大小の藩や天領からなっていた。

その一つ、米沢藩は幕末、仙台藩や会津藩とともに新政府軍と戦い、連戦連敗の苦汁をなめた。

維新後、藩主の上杉茂憲《もちのり》は、版籍奉還など新政府の改革を積極的に受け入れることで「朝敵」の汚名をそそごうと努力し、廃藩置県で東京へ去った。

明治5（1872）年、地元出身の士族として初めて、県参事に就いた芹澤政温は、「廃城」とされ、すべての建物が取り壊されてしまった米沢城の惨状に胸を痛める。

罷免され、上京する際、旧士族らに多額の財産を分け与えたとされる上杉。この最後の米沢藩主の後を受けた芹澤は、「恩に報いるには、せめて城地を保全すべし」と、自らの権限を生かして城跡を公園とする願いを国に出す。同6年のことだ。

なぜ、公園か。

解く鍵は、同6年に出された太政官布告にある。新政府は、欧米諸国にならい、都市公園の整備に取りかかる。布告は「従来から群衆が遊観する場所」で、かつ官有地であれば「永く万人偕楽の地」として公園に指定するとした。公園なら、軍営地になることもなく、そのまま城地を守れる——。

芹澤の思いが翌明治7年、「松が岬公園」として結実する。城跡が公園に指定されたのは新政府で初めてのことだった。

〈明石城絵画コンクールより〉「明石大橋の見える明石城」 鳥羽小2年 森本耕太郎さん

わずかな期間とはいえ、山形県に勤めていた石巻も、ことの経緯を耳にしていただろう。石巻は裁判所の判事として業務に励む傍ら、明石城跡を公園にするために熟慮を重ねた。士族たちの評定から4カ月後の明治14（1881）年12月、石巻らは公園開設願を兵庫県に届け出た。

願書の内容を示す記録は残っていない。た

だ、石巻が米沢城の成功例を活用したことは想像に難くない。

「追って沙汰を待たれよ」

願書を受け取った県官吏は素っ気なかった。冷淡すぎるとも思ったが、決まったこととして事務的に対応しただけとも感じ取れた。

石巻にはそれだけの勝算があった。

2年後の5月21日、国から公園開設の許可が下りる。明石城下の士族たちは躍り上がった。涙を流す者もいた。便りは、遠く離れた石巻の元にも届く。判決文を書く筆を止め、ふと感慨にふけった。

〈でも……。城を守る正念場はむしろこれから〉

予感はすぐに的中する。

▼城郭が県令の私邸に

「播磨明石に旧城郭あり。県令これを神戸に移し、私有とせられたる」

旧丹波篠山藩士で、自由民権家として知られる法貴発《ほうきはつ》が、兵庫県令・森岡昌純について記した草稿集の一節だ。

「これは面白い」。明石市文化振興課の稲原昭嘉課長は身を乗り出した。というのも、月照寺に移築された門などごく一部を除き、明石城の大半の建造物は廃城後、どこに行ったのかさえ分からないからだ。

当時の県令（今の知事）の「私有」になったのなら、一部は県の施設として再利用されていないか？　そう考え、県公館県政資料館などに尋ねたが、記録は見当たらなかった。

明治30年代の知事の「公邸」は室内の写真が残されていたが、森岡県令が使っていたかは不明。明石城の〝破片〟を見つけることはできなかった。

六　困窮——有志の運営に資金の壁　観光客増、さらなる整備へ

明治16（1883）年5月、明石城は官有地のまま、民営の「明石公園」となった。ただ、国に認められたのは城域全体のわずか9分の1、面積にして約6万平方メートルだった。

「廃城令」の後だけに、公園名に「城」を入れるわけにはいかない。石巻清隆は「政府とあえて事を構えることはなかろう」と、「城」という文字を外すよう宮崎柳太郎らに勧めたのではないだろうか。

早速、宮崎ら士族を中心とした有志は寄付を募り、あずまや、園内の道路、櫓の修理に充てた。この頃、石巻が公園運営に関わった記録はないが、できる限りの浄財を寄せただろう。

3年後、町民たちも協力し、城内の山里郭《やまざとくるわ》にあった松平家の祖先を祭った社を本丸跡に移築、「明石神社」として創建した。

神前に掲げる額は東京に移った前藩主・松平直致がしたためた。この時、直致の喜びはいかばかりであったか。

とはいえ、運営に先立つものはやはり金、である。

維新後、石巻らのように新政府や地方の官吏になれなかった士族は失業同然になり、生活に困窮するものが増えた。

明石城下の士族も例外ではなかった。

〈この売り上げなら、どうにかやっていける〉

城下で質屋を営む黒田久六は、帳簿の数字から目を離すと、ふーっと深いため息をついた。

黒田家は明石藩の士族で、父の長棟《ながむね》は家老、久六も軍事部門の重職・組頭を務めた家柄だ。それでも維新後、石巻のような官吏の道は、久六には開かれなかった。

城の変遷を見守る樹木＝明石市明石公園

　維新を機に、士族の俸禄制度、今でいう給料制は終わりを告げる。

　従来の俸禄の数年分を公債証書で受け取り、その利子でほそぼそと暮らすほかなかった。

　黒田は、屋敷に間借りさせていた明石玉職人・松蔭屋伊三吉の名義で質屋の営業許可を手に入れ、商売を始めた。

明石城の払い下げが布告された明治9（1876）年の帳簿をのぞいてみる。縞木綿の綿入れ（防寒用の衣服）2着に対し、久六は70銭を貸し付けた。当時、東京で大工の日当が43銭。士族の家族が数日をしのぐ分はあったろう。

久六の帳簿には士族の名前と貸付金がずらりと並ぶ。質屋は、収入が乏しく、当座をしのぐ士族の「庶民金融」であった。

そんな黒田家も質屋の収入や借家の賃料などで、ぎりぎりの生活だった。「まさかこのような時代が来ようとは」城下のあちこちで、ため息が漏れた。

そんな士族有志による公園運営は、たちまち行き詰まる。

一方、公園となった明石城に、物珍しさを求めて訪れる行楽客は日に

▼観光化　保存の追い風に

旧明石藩の士族が明石城を保存する意味として、再三訴えたのは「わが国の名勝」だった。

北を向けば、威厳を感じさせる明石城の石垣と櫓、南を向けば青々とした明石海峡。そんな風景は確かに「名勝」だったろう。「廃城令を乗り越えて明石城が残り、名勝の感覚が大きく変化した」

こう話すのは、明石市立文化博物館の学芸員加納亜由子。証拠として示してくれたのが、明治26（1893）年の「明治新《しん》撰《せん》播磨名所図絵」だ。庶民が立ち入れなかった城内や石垣の上に多くの人が描かれている。

それまで名勝としての城は「平地から見上げる」ものだった。そこに「高台から風景を見下ろす視点」も加わり、魅力が広がった。

鉄道開業で遠方から多くの人が訪れたのも、城を守る追い風となったのだ。

日に増えていった。

傷んだままの櫓や、雑草が茂る石垣では「わが国の名勝」と胸を張れない。

その頃、神戸と山口・下関を結ぶ山陽鉄道の開業が決まる。これまで行けなかった、遠く離れた名所を巡る「観光」という意識が芽生え始めていた。

〈明石城絵画コンクールより〉
「雨上がりの明石城」　高丘中３年　妻鳥真白さん

「せっかく守った城を町の発展に生かすべき」

明石郡長の渡辺徹らが発起人となり、行政職や実業家に転身した士族たちが中心となって公園保存会を発足させる。会員から１口10円の会費を募り、園内を整備する。管理方法を会則で細かく定めた。役員には郡会や明石町会の関係者に交じり、実業家米澤吉次郎らの名が並ぶ。家業のしょうゆ製造から、明石に誘致された日本紡績の重役を歴任した人物だ。

有志による公園運営がようやく地に足をつけた。大日本帝国憲法制定に国民が沸く明治22（１８８９）年である。

前年に山陽鉄道明石駅が開業すると、さらに行楽客が増え、整備の充実が急務となる。だが、有志による運営は限界だった。

そして、石巻が再び歴史に姿を現す。

七　壮健——永続へ「公営」目指す　皇宮地化で確かな修復も

石巻清隆は明治27（1894）年1月、大阪控訴院（大阪上等裁判所を改称、現・大阪高等裁判所）の部長判事を最後に依願退職している。定年前だった。

前年に提出した辞表には「耳の病にて執務相なりがたく」とあるが、その後の足跡を追う限り、建前にすぎない。

〈郡立、もしくは県立の公園にせねば、城は永続させられぬ〉

石巻は明石に戻った。

2年後の7月、石巻は兵庫県知事から明石郡参事に選任される。

名誉職ではあるが、元裁判所判事の発言力は小さくなかったに違いない。

石巻の参事就任からわずか4カ月後。明石郡議会は明石公園を郡管理とすることを決議、晴れて「明石郡立明石公園」となった。

この頃、石巻は県議会議員選挙に立候補し、落選している。明石公園の未来を考えた末の行動だったのではないか。

さらに大きな転機が明石公園に降って湧く。

皇太子（後の大正天皇）の避暑地として、御料地の候補に挙がったのだ。

明治31（1898）年10月、明石公園は正式に皇宮地の付属地に編入され、郡立公園はわずか2年で終わりを告げる。

当初、御料地選びは神戸市須磨区の狐山（現在の須磨離宮公園付近）を念頭に進んでいた。だが「敷地も狭く、見晴らしも格別なものがない」（宮内省、当時）などの理由で、にわかに明石公園が浮上する。

宮内省は城内の水質を詳しく検査し、町や県に道路や衛生面の改善を矢継ぎ早に命じた。

候補地に選ばれた経緯や理由を示す史料は今、宮内庁にはない。

ただ、石巻の足跡は残っていた。

皇宮地編入からさかのぼること13年。石巻は明治天皇に拝謁している。

明治18（1885）年8月、天皇の一行は広島県などを巡幸した帰路、明石に立ち寄り、浜光明寺（鍛治屋町）に一晩、宿を取る。翌朝七時半ごろ、出立前の天皇に、赴任先の福岡県から帰省していた石巻の謁見が許された。

当時の内閣大書記官、金井之恭《ゆきやす》が巡幸の行程をつぶさに記録した「西巡日乗《せいじゅんにちじょう》」にも、その時の話の内容は記されていない。

明石城絵画コンクールより
錦城中３年　畑中美南さん

ただ、開設から2年で傾きかける明石公園の運営に頭を悩ました石巻が、窮状を天皇に伝えないはずがない。

〈明石の至宝なる城であり、末永く存続させたく御願い奉り候〉

石巻の切々たる上奏に、天皇をはじめ、随行する役人が心を動かされた――。

御用邸の候補に挙がったきっかけをこう考えるのは、想像が過ぎるだろうか。

御用邸の計画は、明治天皇の崩御、大正天皇の即位で立ち消えとなるが、大きな恩恵を残した。

宮内省（当時）は明治34（１９０１）年、荒れるに任せていた2棟の櫓を修復したのだ。

その丁寧な仕事ぶりは、阪神・淡路大震災の激震に耐える力になった。震災後、修復に携わった職人たちは、古い様式を残しつつ、柱と柱の間に建材を組み込む工法「筋違《すじかい》」の技術の高さに舌を巻いた。

明石公園はその後、県立となるが、礎はこの時代に築かれたといっていい。

長かった明治も終わりに近づく同43（１９１０）年9月23日、神戸又新《ゆうしん》日報に一つの訃報記事が載る。

「正六位勲六等　石巻清隆　養生かなわず　本月22日死去いたし候」

63歳だった。石巻の葬儀は、朝顔光明寺（鍛治屋町）で営まれた。

住職によると、昭和45（１９７０）年に建て替えられる以前の本堂は、

明石城が築かれた人丸山の一角に石巻清隆が眠っている。その功績を知る者は少ない＝明石市人丸町

現在の倍以上の広さがあった。その本堂を、多くの参列者が埋め尽くしたことだろう。

石巻家の墓が残る明石市人丸町の月照寺。ひっそりとした一角に参る縁者は、わずかになった。

墓石に戒名が刻まれている。

「清隆院釋磊堂《らいどう》居士」

築城400年。いまも壮健を誇る明石城を、磊磊《らいらい》と、石垣のように支えた男が、ここで静かに眠っている。

▼史料の〝行間〟を読む

明治維新で取り壊しの危機にあった明石城が、なぜ今の姿を残せたのか。保存に取り組んだ中心人物はいたのか、いないのか。

手掛かりは一つ。城を巡る騒動を伝えた東京日日新聞の記事だ。そこに登場する士族を調べると、1人の男にたどり着いた。

今回、主人公として描いた石巻清隆だ。

明治時代の人物伝『明石紳士録』、裁判所の辞令や退職願、『兵庫縣教育史』、上司に宛てた手紙、明治天皇の行幸の記録……。

石巻の「足跡」は、歴史の縦糸のように、城の転換期にぽつり、ぽつりと残されていた。史料を読み込み、学識者に取材を重ねるうち、石巻が城の保存に果たした役割は大きかったに違いない、と確信に似た思いを抱くようになった。

第2章では史料の〝行間〟を埋めるため、記者が想像して書いた部分もある。冒頭、石巻が「迎え団子」を思い浮かべながら大通りを足早に歩くシーンなどだ。

記者はもちろん、小説家ではない。ただ、小説的な作業を付加しなければ、歴史に埋もれた人物の息づかいを描くことはできなかった。

「石巻のような人物がいなければ、『城を守る』意識が士族以外にまで広がることはなかったかもしれませんね」とは、明石公園の歴史に詳しい明石市立文化博物館の義根益美。

明石城を守った当時の人々は、この物語をどう受け止めてくれるだろうか。

番外編　見えてきた実像　遺品から探る石巻清隆

和歌――雑記帳に城存続への思い　君主迎えられた喜び、切々と

築城400年の明石城が今の勇姿を誇るのは、明治期に壊されそうになった櫓などの存続に尽力した士族がいたからだ。その経緯をこれまで探り、石巻清隆を〝主役〟として描いた。とはいえ、根拠となる歴史資料は乏しかった。連載終了後、清隆の子孫という女性が連絡をくれ、段ボール1箱分の遺品を預けてくれた。現在、明石市立文化博物館が分析中だ。現時点で分かった新事実を2回に分けて紹介する。

清隆の名が初めて公の場に登場するのは明治14（1881）年8月、明石城保存を巡る騒動を伝えた東京日日新聞の記事だ。

神戸の新設学校の建設資材にするため、艮櫓《うしとら》が取り壊された。士族たちは憤慨し、集会を開いた。「士族中五百余名が団結し石巻清隆、美濃部寛の二氏が頭領《とうりょう》となり」（東京日日新聞8月20日付）、

対策を練ったとある。

当時、清隆は大阪上等裁判所の判事。明治新政府に仕え、故郷を離れて10年近くがたっていた。

なのになぜ、清隆が頭領に選ばれたのか――。

もう1人の美濃部は、旧明石藩の家老職を代々務めた家柄で、当時は大明石村の長だった。士族の信頼を集める立場にあり、頭領に選ばれたことに納得がいく。

だが清隆は、長く故郷を離れ、旧藩では役職らしい役職も務めていなかった。

「新政府についての知見や、転勤で各地を渡り歩いていた見識の広さが買われたのではないでしょうか」

子孫の預けた史料を分析している文化博物館の学芸員、加納亜由子が推測する。維新後、旧明石藩から新政府に〝転職〟できた士族はわずか2人。その1人が清隆だった。

明石城保存の経緯を調べると、成果の大きさに驚かされる。公園化のアイデア、反乱と取られかねない騒動を不問にする政治力。

「地方の士族だけで実現できたとは考えにくい。新政府との強いパイプがなければなしえなかった」と加納は強調する。

捕亡《ほぼう》局へ勤仕候事

兵庫県庁

明治3年3月

子孫が保存していた石巻清隆の肖像画。晩年に描かれたものとみられる

これが、清隆が初めて受けたとみられる公職の辞令だ。身分は史生とある。遺品分析で初めて分かった。加納によると、「捕亡」とは罪人を捕らえる仕事で、今の警察組織。「史生」とは階級を示すとみられ、今でいう巡査のようなもの。いずれにしろ清隆の公職は兵庫県でスタートしていた。

第2章では、明石藩がなくなった後の清隆の経歴は国の官吏から始まったとし「熊谷県（現・埼玉県北部など）の少書記官」が最初と書いた。『兵庫縣教育史』（1943年発行）に「熊谷県書記官となり、後に判事となる」とあったからだが、誤りだった。

一方で新たな疑問が湧く。県から国に〝転職〟した理由だ。県の辞令が明治5（1872）年4月まで続き、同年11月に司法省からの辞令が突然出てくる。この間に何があったのか。

ただ、当時は地方も含め行政組織の唐突な刷新、再編が繰り返された時代。兵庫県の「捕亡局」に関する史料もなく、部門ごと国の司法省に移管した可能性もある。現時点で、真相は分からない。

冒頭に書いた騒動が明石城で起きたとき、清隆は大阪上等裁判所判事だった。

にもかかわらず、士族たちの頭領になることを受け入れた。城存続へ思いはどれほどだったのか。第2章の取材時点では、清隆の心情を示す史料がなく、明石城や旧藩主への思いは記者の想像力で補うしかなかった。

だがその後、清隆の心がうかがえる和歌が、遺品の雑記帳「家の錦」の中に見つかった。

明治24（1891）年9月、旧藩主松平直致《なおむね》の息子直徳を明石城に迎え、士族たちの親睦会が開かれた。

清隆は判事の仕事で出席できていない。赴任地の岡山で君主を想い、詠んだ1首である。

待ちかねし　君の来まして　古城の
松の翠も　色を増しける

待ちかねていたわが君主のご来所に、明石の古城に生い茂る松の緑も色を増している——。

この歌には、一部を解体されながら必死で守り抜いた明石城に、主を迎えられた喜びがあふれている。

では、清隆の強い思いはどこから来ているのか。

石巻家のルーツが深く関係していたことが、新史料から分かってきた。

松の緑に彩られた明石城。石巻清隆が詠んだ和歌の心情に重なるだろうか

ルーツ——越前松平家と命運ともに　家系図残し、藩の存在示す

明石藩士、石巻清隆のルーツを探る史料が子孫に残されていた。「由緒書き」と呼ばれる巻物が二つ。いずれも自分たち一族がどの系譜に連なり、どのような仕事をしてきたかを示す履歴書のようなものだ。

解読した明石市立文化博物館学芸員の加納亜由子によると、こんなヒストリーがみえてきた。石巻家のルーツは、中世の公家、藤原冬嗣《ふじわらのふゆつぐ》という人物。冬嗣から派生し、鎌倉時代、北条氏に仕えた武家とされる伊澤家が石巻家の直系の祖という。もともと関東地方を拠点にしていたらしい。

そんな石巻家に大きな転機が訪れるのは寛永10（1633）年のことだ。当主だった甚右衛門が、越前木本藩（現在の福井県大野市木本）の藩主松平直良《なおよし》に仕えた。後の初代越前大野藩主だ。

そこから石巻家は、徳川親藩大名の越前松平家と命運をともにする。天和2（1682）年、直良の息子、直明《なおあきら》が転勤を命じられ、明石藩の8代目藩主になった。西国の外様を監視する重職である。その際、石巻家など多くの家臣が帯同した。越前松平家の史料を集めた『明石藩略史』（明石葵会）によると、越前大野城を主君から新城主に引き継ぐ大役を命ぜられた家臣の中に「石巻頓入」の名がある。

明石に根を下ろした越前松平家とともに、石巻家も明石の地で代々、近習《きんじゅう》や物頭《ものがしら》といった藩主側近

の家柄を保ち、歴史を刻んでいった。

加納によると、巻物はおそらく、清隆とその父清穰《きよしげ》によって幕末から明治初期に書かれたものだ。本来、こういった由緒書きは藩主に提出する書類で、手元には残らない。

「どうも、藩の史料を借りて書き写したようです」と加納。家系図には、清隆が「明治9年8月4日　29年1カ月（29歳1カ月の意味）」に記したと署名まで残している。

幕末から維新へ。時代は大きく動いていた。

「すべてにおいて中心的な存在だった藩の存在が崩れていく中で、自分たちの立ち位置を示す根拠を残したかったのでしょうか」

加納は推測する。

藩制が終わり、すでに新政府の役人になっていた明治9年に、この家系図を書き残したかった心境は、その力強い筆跡からもうかがうことができた。

少し時をさかのぼる。

清隆は弘化4（1847）年8月15日に生まれ、14歳で藩主に初めて目通りを果たし、翌年には「番方」という藩の部門に入った。幕末維新期、藩の職制を示す史料には父清穰とともに名前が記されている。

それが明治3（1870）年には、父が藩、子が新政府と別々の道を歩んだ。

「藩の仕事が縮小し、新天地を求めて藩を出るしかなかったのだろう」と加納は推し量る。

清隆は裁判所判事として大阪、長崎、福岡、岡山などを転々とした。明石城存廃の騒動は、そのさなかに起きた。

清隆は、明石藩の動きをどのように知ったのか。第2章では疑問のままだったが、今回見つかった清隆のメモ集「忘備」にヒントが残されていた。

旧明石藩の士族津田氏との手紙のやり取りや、行き来が細かく記されていた。「こうした交友で藩の事情を細かく知ることができたのでは」と加納。ただ、やり取りの内容までは書き残されていなかった。

晩年の日記「磊堂記《らいどうき》」からは、清隆が46歳だった明治26（1893）年と、59歳になった同39（1906）年に、東京に移った旧藩主松平家を支える家政の役職に就いていたことも分かった。

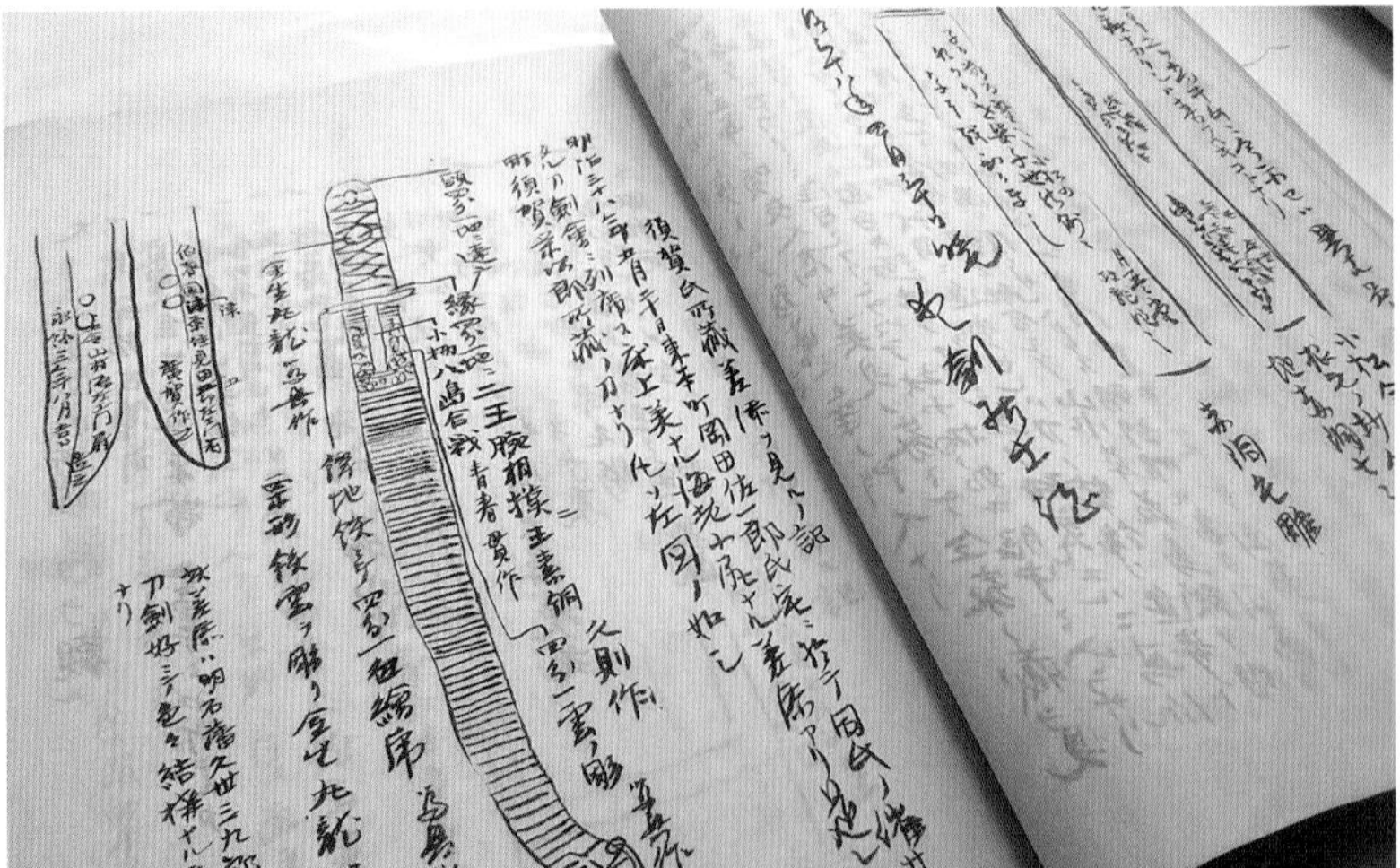

石巻清隆が記したとみられる日記「磊堂記」

政府の役人として実直に働きながら、旧藩主を気にかけ続けた清隆。広い知見と人脈を存分に生かし、明石城を守った――。

第2章で描いた「清隆像」は、新たな史料でより鮮明になったように思う。

石巻清隆の息子清文。戦前まで明石駅前で写真館を営んでいた。たくわえた白いあごひげは肖像画の父に似ている

明治24（1891）年9月、旧藩主の息子を迎え、明石で開かれた宴に、新政府の裁判官だった清隆は出席できなかった。

勤務先の岡山で詠んだ和歌は、59頁で紹介した1首を含め全部で3首ある。

存続が決まった城に主君を迎えた自負がにじむ1首がある。「松」「平」「直」「徳」と、明石藩最後の藩主の息子、松平直徳《なおのり》の名を織り込んでいる。

平らけく　直くをさまる　御代の徳
古き御城の　松の栄えて

「平和に　実直に藩を治めた主君代々の徳は、古い城で青々と栄える松のように残り続ける」

「真説」執筆　膨らむ期待

石巻清隆の子孫から遺品

明石版の新年連載「守りて、在り　櫓を守った士族の軌跡」（２０１９年１月１日から７回）で主人公として描いた石巻清隆《いしまききよたか》の子孫という女性から先日、明石総局に電話がありました。

神戸市北区の有井由紀子さん（81）。通っている歯科医院の待合室で、偶然手に取った新聞を読み進めているうちに曽祖父の名前を見つけたそうです。

「先祖は士族で、地域でいろんな貢献をした、ぐらいのことしか聞いていないんです」とのこと。

有井さんは後日、先祖代々受け継いでいるという石巻の遺品を持って、総局を訪ねてくれました。巻物や日記、肖像画の掛け軸や写真、公職の辞令や勲記……。驚きました。

連載にも書いた通り、石巻の名を国立公文書館や国立国会図書館などで散々探しましたが、わずかな史料しか残されていませんでした。

石巻の孫にあたる有井さんの母・田中幸さん（故人）は戦時中、空襲を避けるため、わざわざ遺品だけを疎開させたそうです。

有井さんは「大事に持っていたけど、何が書かれているのかはまったく読めないの」と苦笑い。

◆

遺品の史料は現在、明石市文化振興課で解読中です。

学芸員の加納亜由子さん（37）によると、石巻は１８７０（明治３）年、兵庫県の職員になっていたことが辞令で明らかになりました。裁判官を退職後、弁護士となり、晩年は東京で元藩主の松平家に仕える役にも就いたようです。

日記には、刀剣の収集などに関心が高い様子や旅行の道中で目にした文化財などが、絵付きで細かく描き込まれていました。

旧藩主の徳と明石城への思いを詠んだ和歌も残され、連載で描いた「石巻像」と重なります。

史料の詳しい解読にはまだ時間がかかりますが、いずれ「真説・石巻」の記事が書けるのではと期待しつつ、連載記事とは異なる史実が明らかになるのではと、内心びくびくしています。（小西隆久）

神戸新聞２０１９年１月23日

旧明石藩の士族・石巻清隆の遺品。現在、解読が進んでいる
＝明石市立文化博物館

3章 消えた襖絵を追う

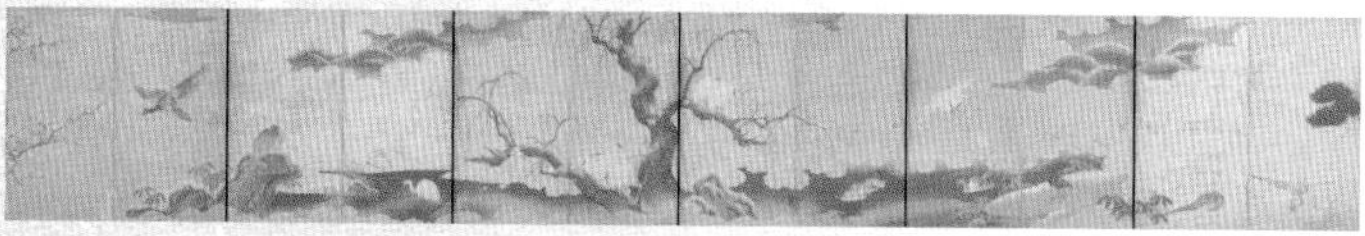

①　②　③　④　⑤　⑥

①②⑥は米ワシントンのフリーア美術館が所蔵
(Freer Gallery of Art,Smithsonian Institution, Washington,D.C.:Purchase-Charles Lang Freer Endowment,F1962.10、F1962.11、F1962.12)
③④⑤は米国人収集家が所有

一 競売――悠久の時超え　現存に驚き

築城400年を迎えた明石城の本丸には「黄金の御殿」と呼ばれる城主の居屋敷があり、高名な絵師の作とされる襖絵が邸内を彩っていた。だが、城の火災で大坂に運び出された後、長年所在がはっきりしなくなっていた。3章は、襖絵がたどった数奇な運命を追う。

1959年に美術市場から姿を消したまま行方が分からず、先ごろ米国で所在が確認された明石城（明石市）の襖絵《ふすまえ》が、2019年9月20日に当地の競売商サザビーズが開く日本美術オークションで競売にかけられる。

この襖絵は、明石城本丸を彩った極彩色の花鳥図障壁画で、江戸時代初期の作品。京都の画家、長谷川等仁によって描かれたもので、1628年（原文のまま）の火災で本丸が焼失した際に辛うじて運び出された貴重な作品だ。（中略）

サザビーズでは、全部で3千万～5千万円の落札額を見込んでいる。【ニューヨーク時事9月18日】

平成8（1996）年9月19日、神戸新聞夕刊の第2社会面に、こんな外信記事が載った。

阪神・淡路大震災の発生からまだ2年足らず。被災地では復興への足がかりを模索する日々が続いていた。

この日の新聞の1面は、汚染された血液製剤で患者がエイズ感染した事件で、検察が製薬会社の元社長らを逮捕する方針を固めたと大々的に報じている。

そんな時期、紙面の下の方に小さな見出しで掲載された襖絵のニュースにどれほどの人が目を留《と》めただろうか。

だが、日本美術を扱う市場関係者は違っていた。

記事配信の少し前、競売の下見会で襖絵は公開されている。会場は東京。昭和34（1959）年に海外へ流出して以来、日本への〝里帰り〟は実に37年ぶりだった。長い歴史を積み重ねた名品に関係者は色めき立った。

悠久の時を超え、明石城の襖絵が現存している――。

築城時の明石城本丸にあった御殿を彩ったとされる襖絵（6枚の写真を合成）

米ニューヨークの競売会社クリスティーズで日本美術部門を担当していた山口桂＝現・同社日本法人社長＝は当時、ライバル会社、サザビーズのカタログを繰りながら、ぼんやりそんな思いが頭をよぎったことを23年たった今も覚えている。

記事が出た2日後、神戸新聞の夕刊は、明石城の襖絵が53万3千ドル（当時、約５８６０万円）で落札されたことを続報した。だが、記事はもう一つ重要な情報も伝えていた。

「落札者は明らかにされていない」

37年ぶりに公の場に現れた明石城の襖絵は、再び姿を消した。

明石城は元和５（１６１９）年、初代城主・小笠原忠政（後の忠真）と、義父で姫路城主・本多忠政によって築かれた。

三重を含む大小20基の櫓、東西に約３８０メートル延びる石垣など、その壮大さは同じ頃に造られた城の中でも群を抜いている。

天守台に天守閣は築かれなかったものの、本丸には城主の居屋敷が建てられた。

小笠原家の記録「清流話」などによると、居屋敷は飛雲閣のような3階建ての構造物があり、広間や書院、茶屋で構成された。ほとんどの部屋は金ぱくが潤沢に張られ、さながら「黄金の御殿」だった。

居屋敷を一層華やかに彩ったのが、計24面、長さ延べ10メートルにわたって四季を構成していたであろう襖絵だ。

秋の野に群れるシカや竹林のキジ、雪が降った佐渡の渡しなどが、大和絵風の様式など多彩な流派の特色を取り込んだ筆遣いで、優雅に描かれていた。

だが、築城の12年後、明石城を不運が襲う。

寛永8（1631）年1月22日午後10時ごろ、御殿の台所付近から火が出た。

「早く消せ」

家臣が血相を変え、消火に走り回る。だが、燃えさかる炎は居屋敷だけでなく、三ノ丸にあった屋敷や石垣下の馬小屋までのみ込んでいく。

炎はついに、武具や鉄砲の火薬などを保管していた多聞櫓にまで燃え移る。本丸の南、内堀の中にあった家臣の屋敷にも火の粉が飛び散る大惨事となった。

城主の忠政が当時、甥《おい》で龍野城主小笠原長次の婚礼に出るため不在だったことは不幸中の幸いだった。

火災による被害の記録は残っていないが、城主の居屋敷は焼け落ち、大量の武具などが焼失したとされる。

邸内の襖絵も半分が焼け、運び出せたのは晩冬から春の兆しまでを描いた12面だけだった。

忠政は居屋敷の再建を断念し、三ノ丸にあった下屋敷に移り住んだ。残った襖絵は大坂の蔵屋敷に運び込まれた。以後、明石城にこの襖絵が戻ることはなかった。

二　絵師——出自、経歴すべてが謎

元和4（1618）年2月、明石藩主となった小笠原忠政（後の忠真）に、徳川幕府2代将軍秀忠は新城を築くことを命じた。築城が始まるおよそ1年前のことだ。

その頃、京都から絵師が弟子を伴い、明石の地に足を踏み入れる。名は、長谷川等仁。

新城の本丸に建てる城主の居屋敷に襖絵などを描くためだという。息子の等順も連れていた。

三層の豪華な居屋敷は、広間が66坪（約220平方メートル）もあり、上段は24畳の座敷になっている。書院は126畳。寝室の上は3階建てになっており、2階は横に長い座敷、3階の部屋は8畳あった。どの部屋も金ぱくが張り付けられ、紅葉と群れるシカ、雪に煙る佐渡の渡しなど四季折々の優雅な襖絵が、その豪華さを一層際立たせた。

築城400年を迎えた明石城。二つの櫓の奥に「黄金の御殿」があった

いずれも等仁が弟子たちと丹精込めて描き上げた。居屋敷は築城が始まった年の暮れに完成。元和6（1620）年の正月を藩主忠政は家族とともに「黄金の御殿」で迎えた。築城という一大事業を成し遂げた忠政は邸内で、きらびやかでかつ、丁寧な仕事ぶりをことのほか喜んだに違いない。

小笠原家の記録「小笠原忠真一代覚書」によると、等仁は作品を仕上げた後も明石をたびたび訪れた。忠政が居屋敷にいるときはそのすぐ横に控えているほど、なじみ深くなったという。忠政や家臣からの信任が厚かったことがうかがえるこの絵師は、一体何者だったのか。

「安土桃山から江戸時代初期に活躍した天才絵師、長谷川等伯の弟子の1人と考えられています」

こう話すのは、等伯の出身地にあり、その作品を収集、研究する石川県七尾美術館の学芸員北原洋子。長谷川等伯（1539～1610年）は、桃山時代に狩野永徳率いる狩野派と競った長谷川派の長だ。自ら「雪舟五代」（雪舟の5代目）と名乗り、京都を中心とする寺の天井画や柱絵、襖絵などを数多く手掛けた。国宝「松林図屏風」など数々の名作を残している。

しかし、北原の次の一言に愕然とした。

「等伯の弟子だったとの説が有力ですが、実は等仁の出自や経歴などはほとんど分かっていません」

確かに、現存する長谷川派の系譜にも等仁の名前はない。小笠原家の記録にも、等伯と等仁の直接的なつながりを示す記述は見当たらなかった。

それでもなお、等仁を「等伯の弟子」とする説が有力なのは、人目に触れず眠っていた襖絵が研究者の目に触れたことが大きい。

日本が高度経済成長期へさしかかる昭和34（1959）年春、美術品市場に初めて現れた6架のびょうぶが注目を集めた。江戸時代初期に建てられた明石城の襖絵とする由来もさることながら、携わった古美術商が藪本宗四郎（1914～1987年）だったからだ。

襖絵を美術市場に持ち込んだ古美術商の藪本宗四郎氏（遺族提供）

「日本の歴代古美術商の中で3本の指に入る人物」

同じく美術品市場に携わるクリスティーズジャパン（東京都千代田区）の社長、山口桂は藪本をそう評する。

藪本は、和歌山県高野口町に生まれ、旧制中学を卒業後、メリヤス業で財をなした実業家で、芦屋市に住んでいた美術品収集家山本発次郎（1887～1951年）の邸宅に書生として入った。

山本が集めた洋画家佐伯祐三や画僧白隠らの作品管理を任され、出入りする画家たちと交流しながら独自の感性と審美眼を培った。

その後、創業から5代続く古美術店を辞め、京都市で古美術商を開業。浦上玉堂の代表作「凍雲《とううん》篩《し》雪図《せつず》」や「伴大納言絵詞《ばんだいなごんえことば》」などの著名な国宝を扱ったことでも知られる。

顧客には、作家川端康成や米国の経営学者ピーター・F・ドラッカーらがおり、ドラッカーからは日本美術の「先生」と慕われた。

この時期、数多くの日本美術の名品が海外に流出。藪本ら古美術商に批判が集まることもあった。

「それは違う。父は海外に正しい日本の文化を伝えたかったんです」

藪本の下で修業し、商いを受け継いだ長男の俊一＝東京都大田区＝は語気を強めた。

「このままでは日本の文化が世界で誤解されてしまう」

藪本がそんな危機感を募らせたのは、昭和30年代初めの渡米がきっかけだった。

三　裏書き――「火災乗り越えた遺物」と記載

昭和30年代初め、明石城の襖絵を美術品市場に持ち込んだ古美術商の藪本宗四郎（1914～1987年）は米国にいた。

渡米のきっかけは、東京都港区に新たな店を開いたことだった。周囲には各国の大使館が立ち並び、フランスやスウェーデンの大使をはじめ、多くの外国人客が立ち寄った。

自然と一流のバイヤーとも親交を結ぶ。その1人、ハリー・C・ネイルと親戚同様の付き合いになった。

「アメリカへ来ないか」

ネイルに誘われ、藪本は海を渡った。約3カ月間、ネイルの運転で全米各地の主要な美術館や収集家を訪ね歩いた。

だが、そこで見た「日本の美術品」は雪舟の偽物だったり、狩野派末弟の作品だったり……。一級品にはほど遠いものばかりだった。

「美術品と呼べる域に達しているものしか扱わない」

こうした藪本の姿勢には、米国での経験も大きく影響したに違いない。

そんな藪本に明石城の襖絵を託したとされるのは、所有履歴に残る平井惇麿。漢字表記は異なるが、旧小倉藩士の平井淳麿《すみまろ》（小左衛門）を示すとみられる。その理由は、維新後に平井が担った役職に関係している。

慶応4、明治元（1868）年2月、小倉藩家老代の平井は約200人を率いて新政府軍として江戸に進んだ。4月には庄内藩追討の命を受け、佐賀藩兵とともに横浜から海路で仙台に向かう。いわゆる戊辰《ぼしん》戦争である。

平井は道中、命令とは知りながら、割り切れなさを感じていた。

小倉藩はわずか2年前、幕府軍として長州藩と最後まで死闘を繰り広げた。徳川家康を曽祖父に持つ小笠原忠政（後の忠真）を初代藩主とする有力な譜代藩としては当然のことだった。平井も洋銃隊「三十人組」を率いて奮闘した。

それが今、樹立したばかりの新政府側の軍勢として、同じく徳川の譜代だった庄内藩と戦火を交えなければならない――。

それでも参謀役に任命された平井は、長州藩兵隊長桂太郎らと庄内藩攻略の指揮を執った。8月の戦闘では小倉藩士の戦死も経験。10月に庄内藩が降伏し、小倉藩兵の東北での戦いは終わった。

明治期に襖絵を管理していたとみられる旧小倉藩士平井淳麿
（平井さん所蔵、いのちのたび博物館提供）

平井はその後、藩の執政となり、廃藩後は県に出仕したが、わずか6年間で職を辞した。東京都牛込区（現・新宿区）にあった伯爵、小笠原家で事務や会計を管理する家令に就き、以後27年間、職を全うし明治39（1906）年に亡くなった。

襖絵を巡り、平井の名前が出てきたのには理由がある。

襖絵を仕立て直したびょうぶの1架に裏書きが残されていた。書いたのが平井だったのだ。

この12幅の絵は元は旧藩時代、大坂の蔵屋敷にしまわれていたものだ。若いときに私も見たことがある。

藩邸の役人が伝え言うところでは、これは昔、明石城のふすまだったと。（中略）これが（小笠原家の記録にある）「水にシラサギ」なる作品かは断定しがたいが、藩邸の役人たちの古い言い伝えによると、（寛永8年の）火災を乗り越えた遺物であることは疑いない。

戊辰の災厄を免れ、今もなお現存し、私が再び見ることができるのは喜ばしいことだ。しかし、長い時がたち、再び使えないことに嘆息し、職人に命じて保存に便利なよう、仮に（びょうぶへ）仕立て直した。

見聞きしたことを記して、今後の裁定を待つ。

明治16年3月

平井惇麿

平井が自らの記憶と知見を古文調でしたためた裏書き。これがあったからこそ、襖絵が明石城の本丸御殿にあったと証明できたのだろう。

「当時、この文章を書けたのは家令だった平井（淳麿）しかいない」とは、小倉藩や平井を研究する北九州市立いのちのたび博物館の守友隆学芸員。

だが、大きな謎が残る。

藪本宗四郎が襖絵を初めて市場に持ち出したのは昭和34（1959）年。平井の死後53年も過ぎている。とすると藪本に託したのは、作品の所有履歴に名前が残る平井ではない誰か、ということになる。

「襖絵のことはまったく聞いたことがない」

官職を辞してまで旧藩主に仕える道を選んだ淳麿から数えて5代目にあたる鐵太＝福岡県北九州市＝が力を込める。

淳麿の戊辰戦争時の従軍日記など、豊富な史料が今に伝わる平井家だが、襖絵に関する記録は見たことがないという。

平井が生前、家令として襖絵を管理する立場にあったのは確かだが、死後、襖絵の所在を示す記録は残っていない。

そんな空白の53年間を経て、藪本から外国人が購入した襖絵は初めて海を渡ることになる。昭和34年のことだった。

四　落札――378年ぶりの里帰り

昭和34（1959）年、6架のびょうぶとして美術品市場に登場した明石城の襖絵。古美術商の藪本宗四郎はうち2架を米国人、1架をフランス人に売却した。

2人は当時、東京に住んでいたが、後にそれぞれ母国に帰っている。

残る3架は、親戚同様の付き合いをしていた米国人バイヤー、ハリー・C・ネイルを通じ、米ワシントン州のフリーア美術館に渡った。

こうして明石城の襖絵はすべて国外へ流出してしまう。

そして37年後の平成8（1996）年9月。6架のうち3架が世界の二大オークション会社の一つ、サザビーズのオークションに出品され、再び美術品市場に姿を現すことになる。

この3架は、米国人とフランス人がそれぞれ購入したびょうぶだ。まず米国人がサザビーズに「売りたい」と打診したらしい。

クリスティーズジャパン（東京都）社長の山口桂は「おそらく1架だけでは売れないと判断し、サザビーズがもう一方のフランス人にも売却を持ち掛けたのではないか」と推測する。

では、フリーア美術館には打診しなかったのだろうか――。

記者の質問に山口は「フリーアの所蔵品は門外不出ですから」と苦笑した。

同美術館は、鉄道の車両製造事業で成功したチャールズ・ラング・フリーア（1854～1919年）がスミソニアン協会に寄贈したコレクションを基に大正12（1923）年に設立された。

フリーアは日本を中心とするアジアの美術品を精力的に収集したことで知られ、1万点超を収蔵する同館は今も日本美術の権威とされる。

所蔵品はフリーアの遺言で他館などへの貸し出しを禁じられている。

「つまり、フリーアが持つ明石城の襖絵が日本に戻ってくることは、まずないということです」

山口はこう言って目を伏せた。

明石城の襖絵とされるびょうぶ３架を所蔵する米ワシントンのフリーア美術館
(Freer Gallery of Art and ArthurM. SacklerGallery, Smithsonian Institution, Washington,D.C. : Photo by Colleen Dugan)

個人収集家が所有する明石城の襖絵が出品された平成8（1996）年9月のサザビーズオークションは、盛況のうちに幕を閉じる。

目玉となった襖絵は、53万3千ドル（当時、約5860万円）で競り落とされた。主催のサザビーズは落札者を明らかにしなかったが、その後、思いがけない形で名前が判明する。

「まさか、襖絵を日本人が所有して、明石に戻ってくるとは」

2008年、明石市教育委員会社会教育推進課で文化財係長だった稲原昭嘉＝現・文化財担当課長＝は、襖絵が明石市立文化博物館で展示されることが決まったとの知らせに、驚いた。

当時、襖絵を所有していたのは、広島市の実業家徳井寛二（故人）。徳井は、襖絵を含む多くの収集品を愛媛県美術館（松山市）に寄託し、それらは「徳井コレクション」と呼ばれた。

旧明石城内に位置する市立文化博物館で2009年7月に始まった企画展「大坂夏の陣と明石藩成立」。徳井が所有する襖絵がショーケースの中に飾られた。寛永8（1631）年の火災で大坂の蔵屋敷に運び込まれて以来、378年もの時を超え、「明石城」に帰ってきたのだ。

企画展には連日、大勢の入館者がつめかけ、築城当時の「黄金の御殿」に思いをはせた。

襖絵が明石城に〝里帰り〟を果たす契機を生んだ徳井は生前、周囲に「海外に流出してしまった日本の美術品を少しでも里帰りさせたい」と熱く語っていたという。

江戸期を中心とする絵画が好みで、オークションでは「これは」と思ったものだけを選び、強い意気込みを感じさせるような競り落とし方だったという。

しかし、貴重なコレクションは徳井の死後、再び散逸してしまう。

このうち20点が平成24（２０１２）年9月、クリスティーズのオークションにかけられた。その中に明石城の襖絵も含まれていた。

出品を仲介したのは、徳井やその親族とも親交があったクリスティーズジャパンの山口。徳井が落札したサザビーズのオークションで襖絵の存在を知った山口が16年後、自分の会社が主催するオークションへの出品につないだ。

「奇縁、ですかね」

美術品市場の世界ではよく「人がモノを選ぶのではなく、モノが人を選ぶ」といわれる。

平成24年9月11日、明石城の襖絵が持つ魅力に動かされた収集家たちが米ニューヨークの会場に集まった。

五　流転——いつかきっと明石に帰る

平成27（2015）年4月、京都造形芸術大が、安土桃山から江戸時代初期に活躍した絵師、長谷川等伯（1539～1610年）が描いた水墨画2点を新たに発見したと発表した。作品は「猿猴図」「松竹図」で、ともに二つ折りのびょうぶ絵。竹の直線的な表現やサルの毛並みの描き方などから、等伯が50～60代初めごろに手掛けたと認定されたという。

「等伯をはじめとする長谷川派の研究では、今後も新しい発見があるでしょう。裏を返せば、まだ分かっていないことが多いということ」

等伯の出身地にある石川県七尾美術館の学芸員北原洋子が明かす。

明石城の襖絵が、等伯の弟子とされる長谷川等仁によって描かれたのは徳川幕府の全盛期。その頃に築かれた城の装飾画はほとんど、狩野派が手掛けたとされるが、焼失するなどして失われたものも少なくない。

「その意味で、長谷川派による明石城の襖絵が残っていることの価値は高いといえる」

この秋にオープンする明治神宮ミュージアム館長で、等伯をはじめ日本美術に造詣が深い黒田泰三が力を込めた。

さらに狩野派が席巻する中で長谷川派が、譜代藩の城の装飾画を手掛けたことについて「かなり例外的だったことは間違いない。それが芸術性の問題なのか、費用の問題なのかは分からないが」と続ける。

少なくとも等仁が政治的にも、芸術的にも一定の力を持っていたことは間違いなさそうだ。

いずれ等仁の新たな作品が見つかり、新事実が明らかになる――。

そんな日が来るかもしれない。

平成24（2012）年9月11日、ニューヨークであったクリスティーズ主催の「日本・韓国美術オークション」。会場は満員だった。

オークションはカタログに掲載された順に進行していく。目玉の「江戸絵画」プライベート・コレクションに入ると、参加者の目がより熱を帯びた。

「ロットナンバー（品番）33、ハセガワトーニン」

明石城の襖絵を仕立て直した3架のびょうぶが読み上げられると、客席から多くの番号札が一気に上がった。

価格がつり上がるにつれ、札が少なくなっていく。張り詰めた空気の中、2枚の番号札が競り合った。最後に1枚が残った。

「ハンマープライス（落札）！」

壇上にいる競売人の一言に、ようやく会場の緊張がふっと緩んだ。

落札額は62万6500ドル（当時、約5千万円）。この時期の急激な円安ドル高で、日本円では前回よりも安かったが、ドルベースの価格では約10万ドルも上回った。明石城の襖絵は、この日のオークションで日本美術品の最高額を記録した。

落札者は、サンフランシスコ在住、著名なIT系企業の創始者。最後まで争ったもう1枚の札の主は、残り半分の襖絵を所蔵する米ワシントンのフリーア美術館だった。

同館が所蔵するのは、12面が連続するうちの左端とその隣、そして右端に位置している。

「絵として動きがあるのは、このオークションに出品された中央部の3架。フリーアが欲しがったのも無理はない」

オークションを担当したクリスティーズジャパン社長の山口桂は、当時のカタログから目を上げながらこうつぶやいた。

平成30（2018）年12月、京都市右京区の世界遺産・龍安寺に123年もの歳月を超え、明治時代の廃仏毀釈で手放した襖絵9面が戻った。

売り手と買い手を直接つなぐ「プライベートセール」で同寺が買い戻したのだが、その交渉を仲介したのは山口だった。

明石城の襖絵が国外に出るきっかけを作った古美術商の藪本宗四郎を「先生」と慕った米経営学者

の故ピーター・F・ドラッカー。そのドラッカー・コレクションを日本に戻す仲介をしたのも山口。

そして7年前、明石城の襖絵を再び米国に送り出したのも山口だ。

「僕らはよく、日本の美術品を外国に『流出』させると批判を受けるが、『消失』させてしまうのとは違う」

山口の快活な口調が一転、真剣になった。

「モノが納まるべき場所はモノが選ぶんです。明石城の襖絵もきっと、明石に帰る日が来るでしょう」

山口はほほえんだ。

平成24（2012）年のオークションで、襖絵の出品を仲介したクリスティーズジャパンの山口桂社長＝東京都千代田区

明石城の襖絵　米で収蔵

御殿彩った12面　焼失免れる

築城400年を迎えた明石城（明石市）の本丸御殿にあったとされる貴重な襖絵を、米国の美術館と同国在住の収集家がコレクションとして今も収蔵していることが神戸新聞の取材で分かった。安土桃山から江戸時代初期に活躍した絵師長谷川等伯の弟子の作とされ、築城12年後の火災で半分が焼失していた。専門家は「400年の時を経て、今も当時の姿を保持している。火災で焼失した本丸御殿の豪華さがしのばれる名品」と話している。

明石城を築いた初代城主の記録「小笠原忠真一代覚書」などによると、襖絵は24面で春夏秋冬を構成していたとみられる。本丸御殿は大半の部屋に金箔が張り巡らされていたとされ、襖絵は広間や書院を彩っていたという。

描いたのは京都の絵師長谷川等仁という人物。国宝「松林図屏風」などを手掛けた絵師長谷川等伯（1539〜1610年）の弟子とされる。小笠原家の記録には、元和4（1618）年ごろからたびたび明石を訪れたとの記述が残るが、詳細な人物像は不明という。

寛永8（1631）年1月、城内で火災が発生。本丸御殿は焼失したが、襖絵は半分の12面だけが焼け残り、幕末まで大坂の蔵屋敷で保管されたとされる。

明治期に6架の屏風に仕立て直され、2度の海外オークションなどを経て、現在は東洋美術で権威ある米ワシントンのフリーア美術館と、サンフランシスコ在住の米国人収集家が3架ずつを所蔵していた。同美術館の所蔵品は創設者の遺言で館外に持ち出せないため、同館の3架を日本国内で見ることはできない。残り3架は一時期、日本人収集家が所有し、明石市立文化博物館で2009年に公開された。その後、再び米国の収集家の手に渡っていた。

世界で美術品の競売を手掛け、12年に襖絵のオークション出品に関わったクリスティーズジャパン（東京）の山口桂社長（56）は「安土桃山時代の雰囲気を色濃く残す落ち着いた作品。400年を経て今も存在していることが高く評価された。城の当時の姿を想像させる意味でもその価値は高い」と話す。

▼四季の移ろい　極彩色

明石城の本丸御殿にあったとされる襖絵で、現存するのは晩冬から春の前兆までを描いた12面。本来は夏から秋にかけての12面と対になり、計24面で四季花鳥図を構成していたとみられる。

金色の地に極彩色で描かれた装飾画。中央に柳の大樹が枝を左右にゆったりと伸ばし、金色の雲の合間に遠山や水流を配しており、キジやシラサギなどが生き生きと描かれる。引き手が付けられていた跡が画面に確認でき、襖絵だったことが分かる。

日本人が襖絵の一部を所有していた一時期、管理していた愛媛県美術館（松山市）の長井健学芸員（45）は「桃山時代の名残をとどめる特徴から、江戸時代初期の作とみてよい。鑑定を受けていれば、国の文化財に指定されるレベルではないか」と話す。

襖絵など障壁画に関する著書で知られる武蔵野美術大の水尾比呂志名誉教授は1960年、美術誌「國華」（第821号）で「柳の木の描法は狩野山雪のスタイルを思わせる。山の描き方は町絵師風な大和絵の様式を示し、水流の空間の切り方には、長谷川派の感覚がうかがえる（抜粋）」と高く評価している。

（小西隆久）

神戸新聞2019年9月8日

築城時の明石城本丸御殿にあり、火災を免れたとされる襖絵の一部＝米フリーア美術館提供

(Freer Gallery of Art, Smithsonian Institution, Washington, D.C.: Purchase - Charles Lang Freer Endowment, F 1962.10　F 1962.11)

4章

武蔵が造ったまち

剣豪からの転換点

一　兵法家らしい「町割り」の痕跡

明石城築城４００年を迎えた平成31（２０１９）年。中核市として今も成長を続ける明石市。その中心部の「まちのカタチ」を造ったのは剣豪・宮本武蔵だった。4章は、謎が多い武蔵の後半生と明石の接点を追う。

迷いもなく、すっと筆を引いた一筋の枯木に、眼光鋭いモズがたたずむ――。剣豪として知られる宮本武蔵が描いた水墨画の代表作「枯木鳴鵙図《こぼくめいげきず》」だ。武蔵は晩年、兵法書「五輪書」とともに数多くの絵画を残した。現存する作品のうち4点は国の重要文化財に指定されている。「枯木鳴鵙図」もその一つだ。

武蔵が生涯をかけ磨き上げた剣を、筆に持ち替えたのはなぜか。

「ターニングポイントは明石にあった」

そう力を込めるのは、歴史研究家の福田正秀（熊本県山鹿市）。明石城築城４００年に合わせ「明石城と武蔵」をテーマに開か

明石城の本丸から望む城下町。ＡＲ（拡張現実）で再現された

れた講演会で語った一幕だ。

福田が武蔵と出会ったのは昭和60（1985）年。熊本に移り住んだ際、地元の美術館で武蔵の絵に魅《み》せられた。

「作品がかもし出すぬくもりや優しさが剣豪のイメージと結び付かなかった」

違和感。その謎に迫ろうと武蔵の実像を追い、論文を発表し続けて30年以上になる。県内外の史跡や出生地、関係者の子孫を訪ね歩き、史料を読みあさった。

その福田が明石に注目するのには理由がある。

「姫路藩主の本多忠政や明石藩主の小笠原忠政（後の忠真《ただざね》）に出会ったことで、武蔵が新たな才能を開花させたのではないか」

漁船の大漁旗が華やかに彩るアーケードの下を、新鮮な魚介を買い求める客が行き交う。「明石の台所」、魚の棚商店街でおなじみの光景だ。

魚の棚の歴史は元和５（１６１９）年、明石城築城までさかのぼる。東魚町、西魚町として誕生したのが始まりだ。

その城下町一帯をデザインしたとされるのが、剣豪・宮本武蔵だ。

元和４（１６１８）年。徳川幕府は姫路藩の本多忠政と、前年の国替えで明石藩に入ったばかりの小笠原忠政に、明石城の築城を命じている。

建設費として銀1千貫を投じる、いわば国家プロジェクトだ。

〈明石の町造りは（中略）宮本武蔵という侍が町割りをした〉

築城から半世紀後に書かれた明石の町年寄の記録「赤石市中記」や、江戸中期の地誌「播磨鑑」などに残る記述だ。

ただし、武蔵と明石を結び付ける史料は、これらを含むわずかしか残っていない。

町割り。今でいう都市計画のことだ。その大役を天下の剣豪が担った。

「武蔵が整備に関わった町は、全国でも明石のほかはない」と福田はいう。

ただ、計画の詳細を示す記録はない。「裏行十六間」とあるのみだ。

明石市文化財担当課長の稲原昭嘉によると「裏行」とは町屋（家）の奥行きを指し、武蔵が16間（約

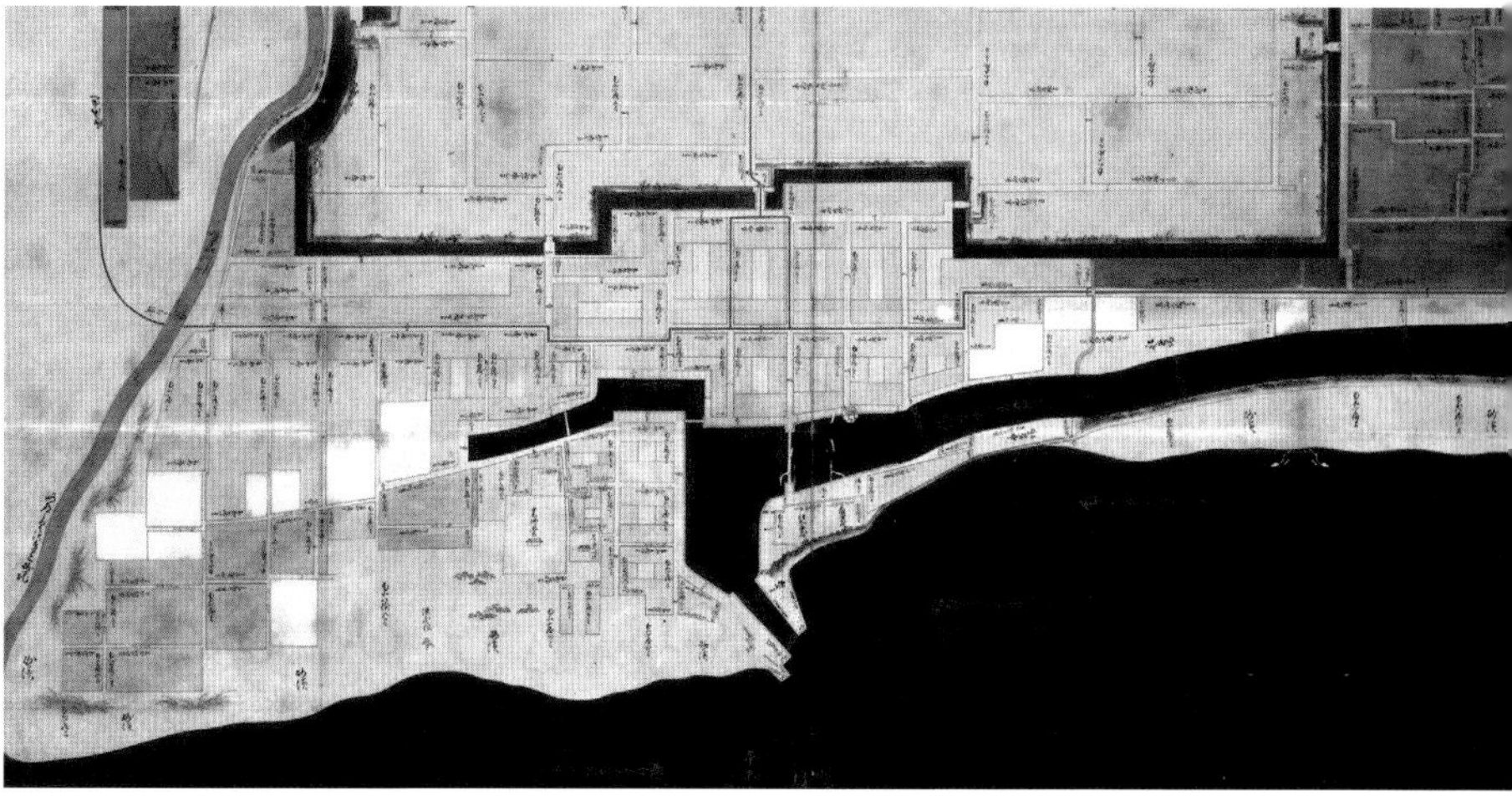

正保城絵図より。武蔵が町割りをしたとされるのは外堀の南辺り

29メートル）と定めたという。

「だから、武蔵が町割りをしたのは間違いないだろうが、町の全容は不明のまま」

稲原は残念そうに教えてくれた。

築城後に描かれた「正保城絵図」や明治期の測量図を頼りに推測すると、城下町の東西は約2・3キロ。街道で区切られた南北約１１０メートルのブロックごとに職人の町などを整備した。

鍛治屋町、樽屋町といった今も残る町名はその名残だ。

なぜ、武蔵が明石で町割りをしたのだろう。

「当時の町割りは、軍事戦略の一環。高名な兵法家の武蔵が担うことに異論はなかったはずだ」

福田が指摘する通り、兵法家らしい視点で考えられた町割りの痕跡が、市街地の再開発に伴う発掘調査などで少しずつ明らかになっている。

中でも最大の工夫は、外堀の位置。内堀と外堀の間に武家屋敷を並べ、町屋などは外堀の外側に配置している点だ。

「武家屋敷と町屋が同じ所に混在すれば、戦の時に大混乱を招く。武蔵はそれを避けた」

福田がこう推測するのには、武蔵が経験した大きな戦があった。

徳川幕府が支配体制を確立した慶長20（1615）年の大坂夏の陣だ。

〈29歳までに合計60回の勝負をしたが、負けたことがない〉（五輪書）

二刀流を操り、伝説になるほどの強さを誇った武蔵。その存在以上に今も多くの人の心を捉えて離さないのは、その生涯における謎の多さだ。

▼「五輪書」に出生地を明記

吉川英治の小説などで人気を不動にした宮本武蔵だが、その実像はいまだによく分かっていない。

吉川英治も著書の中で「史実として、正確に信じてよい範囲の『宮本武蔵なる人の正伝』といったら、それはごく微量な文字しか遺っていない」と吐露している。

一方で多くの研究者が「数少ない確かな史料」に挙げるのが、武蔵の著書「五輪書」だ。出生についても「生国播磨の武士」と明記され、現在は高砂市米田町との説が有力だ。

岡山説が根強かったのは、明治期、武蔵遺跡顕彰会（熊本県）が武蔵の家系図や祖先の墓が残る地を岡山県美作市と記した書籍を発刊。その後、吉川英治の小説で「作州・大原（美作）説」が定着したようだ。

二　細部にこだわり、庭園も設計

剣豪・宮本武蔵が初めて明石を訪れたのは、築城が始まる直前の元和4（1618）年ごろという。当時、30代半ば。名高い「巌流島の決闘」から十数年が過ぎている。

「武蔵が明石に招かれたのは、武人として戦場での功績が認められたからです」

謎が多く、空白の20年とも言われる「巌流島」以降の武蔵の後半生。その足跡を丁寧に追う中で、新たな発見をした歴史研究家福田正秀（熊本県山鹿市）がそう教えてくれた。

その3年前、慶長20（1615）年。武蔵は大坂の戦場にいた。

武蔵がいたのは徳川方か、豊臣方か――。今も論争が続く研究テーマの一つだ。

福田は平成5（1993）年、徳川方に属していた水野勝成の陣営名簿に、武蔵の名が記されているのを見つけた。

さらに水野藩家臣らの見聞録をまとめた「黄耈《こうこう》雑録」の中にも、武蔵の活躍が記録されていたのだ。これらの史料を読み解くと、水野軍は大坂・河内の道明寺方面で、黒田官兵衛に仕えたことで知られる豊臣方の後藤又兵衛と激戦を繰り広げた。武蔵は水野軍に騎馬武者として属していたようだ。

武蔵はこの戦で、徳川方の有力武将で、のちに姫路藩主となる本多忠政の窮地を救った。

〈橋の上に陣取った武蔵は、寄せ来る敵の雑兵へ大きな木刀を振りかざし、左右へとなぎ倒した〉

本多軍に迫る敵の群れを遮り、橋の上で立ちふさがった武蔵の姿が忠政の心を捉えたのかもしれない。

後に、武蔵の養子・三木之助を忠政の息子忠刻《ただとき》の側近にしたことからも、武蔵への信頼の厚さがうかがえる。

大坂の陣後、武蔵は本多家に招かれた。まもなく、明石城の築城が決まる。豊臣方についた西国大名らににらみを利かせるためだ。

築城を手伝うよう徳川幕府に命じられた本多忠政に伴われ、武蔵は明石に来た。元和4（1618）年ごろのことだった。

明石城築城に際し、町割りを任せられた武蔵。

宮本武蔵（兵庫県立歴史博物館蔵）

武蔵が手掛けた樹木屋敷を復元した庭園＝明石公園

〈武家屋敷と町屋が混在し、大混乱に陥った大坂夏の陣が念頭にあったに違いない〉と福田は推測する。

こうして築かれたまちが、今の明石の中心部になっているのだ。

武蔵はもう一つ、明石で兵法とは異なる才能を発揮した。作庭だ。藩主小笠原忠政（後の忠真）のために、西の捨曲輪（後の山里郭）に建てられたと伝わる樹木屋敷を手掛けたという。

小笠原家の記録には〈茶屋や山、泉や滝を設け（中略）石は阿波（徳島）、讃岐（香川）の小豆島まで大船を遣わせ、植木は明石、三木両郡の寺院を見回り、大坂・堺で買い求めた〉とある。

細部にこだわった庭園は、石や木を移築して明石公園内に復元された。今も市民の憩いの場になっている。

明石城にはこの時期、幕府から派遣された造園家で茶人の小堀遠州や、本丸御殿の襖絵《ふすまえ》を手掛けた絵師長谷川等仁ら数多くの文化人が出入りしていた。武蔵とも顔を合わせていただろう。

「こうした人物との交流が、文化人としての才能を形作った。その意味で明石が武蔵の転換点になった」

福田はこう推測する。


さらに大きな転機が武蔵に訪れる。もうひとりの養子・伊織が明石藩主・小笠原忠政に仕えたことだ。天下無双の剣豪を父に持つ伊織は、20歳の若さで家老職に就く。

その時、武蔵50歳。

「五輪書」に〈おのずから兵法の道にあふ（中略）それより以来は尋ね入る道なくして光陰を送る〉としたためた年代と重なる。

「国の治政までも兵法の延長と捉え、極めようとした武蔵の夢が、政治の要職に息子が就いたことで成就したのではないか」

福田は武蔵の心中を、そう読み取る。

武蔵はその後、幕府の命で小倉藩（福岡）に移った小笠原家、家老の伊織とともに九州へと旅立つ。

肥後藩（熊本県）の細川家に客分として迎えられた頃、武蔵は筆を執っている。精力的に絵画や書物をしたため、文化人としての顔を後世に残した。

晩年の武蔵の作品に「達観の心境を見る」と福田。初めて目にした作品から感じたぬくもりや優しさの理由がようやく分かった。

〈その礎は明石で育まれた〉というのが福田の説だ。


武蔵の実像を研究する難しさは、史料の乏しさ、そして、わずかな史料でさえ、偉大さ故か後世の伝承が入り交じること——。多くの研究者に共通する嘆きだ。

だが、明石にいたとされるおよそ12年間の足跡は、「空白の20年」とも呼ばれる後半生の一部を鮮やかによみがえらせる。

そして、武蔵が造ったまちは、明石城とともに400年、500年と悠久の歴史を紡ぎ続ける。

▼巌流島の決闘由来は歌舞伎

映画や小説のヤマ場として名高い「巌流島の決闘」だが、武蔵の著書「五輪書」では何も言及していないことを知る人は多くない。

歴史研究家の福田正秀によると、史料として最初に出てくるのは、養子・伊織が武蔵の死の9年後に建てた顕彰碑の碑文という。関係者が多く生存している時期だけに「架空の事件を記したとは考えにくい」と福田。

一方で碑文には「兵術の達人岩流と名乗る男と雌雄を決せん」とあり、佐々木小次郎の名は出てこない。

福田が調べたところ、その通説の出どころは元文2（1737）年の歌舞伎「敵討《かたきうち》巌流島」のようだ。決闘の内容も通説とは異なり、相手にとどめを刺したのは隠れていた武蔵の弟子たちとの記録も残っている。

「明石城公園」に改称!?
県が費用や効果調査

築城400年を迎えた明石城を国内外にPRするため、県立明石公園（明石市）を「明石城公園」に改称する案が浮上している。兵庫県の井戸敏三知事や明石市選出の県議が「明石城公園に変更してはどうか」などと公の場で相次ぎ発言。地元では「明石城の存在感が増し、観光客増につながるのでは」と歓迎ムードが高まっており、県は改称に伴う費用や効果について調査に乗り出した。（小西隆久）

▼年間240万人

明石公園は、明治維新で発足した新政府に取り壊されそうになった明石城跡を守ろうと、一部の士族が保存運動を展開。1883（明治16）年5月、士族有志が城跡の一部を国から借り受け、私設の公園としたのが始まりとされる。

その後、明石郡立公園や皇宮地への編入などを経て区域を拡張し、1918（大正7）年に県立公園に。現存する史料によると、設立当初から名称に「城」は付いていなかった。今では野球場や陸上競技場、県立図書館などを備え、年間240万人が訪れる人気スポットになっている。

井戸知事は4月9日放送のラジオ番組で「城が付いた方が外国人観光客に分かりやすい」として「明石城公園とした方がよいのではと提案されている」と発言。最後に「どうでしょうか、県民の皆さん」と問いかけた。明石市選出の松本隆弘県議会議長は、築城400年行事の祝賀会などで「明石城公園にした方が城の知名度アップにつながる」と繰り返しPRする。

▼活性化期待

県関係者によると、県庁内では「築城400年の目玉事業になる」との賛成意見と、「城だけでなく、野球場や図書館などの施設があってこその公園」との反対意見があるという。県公園緑地課は、改称に伴う看板や出版物、行政書類の刷新にかかる費用などを調べているが「現状は白紙」とする。

明石公園に近い魚の棚商店街で鮮魚店「松庄」を営む松谷佳邦さん（56）は「イベントがある日は公園から商店街に流れる人が増える。明石城公園になれば城目当てに足を運ぶ人が増え、まち全体に活気が出るのでは」と期待する。

公園名に「城」を付け加えた例として、静岡市の駿府城公園（旧駿府公園）や和歌山市の和歌山城公園（旧和歌山公園）がある。

駿府城公園は19年に、和歌山城公園は2012年、それぞれ城郭などの観光資源を周知する目的で変更した。静岡市公園整備課は「城郭復元など一連の事業のキックオフとして、一定のPR効果があったのでは」とする。

▼「廃城令」で政府刺激を回避か

「明石城公園」に改称する案が浮上している県立明石公園。そもそも城跡に設立された公園なのに、名前に「城」が付けられなかったのはなぜか―。史料が残っていないため理由は不明だが、疑問を解く鍵は公園設立の経緯と、当時の時代背景にありそうだ。

明石城は1619（元和5）年、徳川家康のひ孫で初代城主の小笠原忠政（後の忠真《ただざね》）が、義父で姫路藩主の本多忠政の協力を得て築いた。明治維新後は、新政府が出したいわゆる「廃城令」により軍事的利用価値がないとされ、「民間などに払い下げられる城郭」に分類された。

ところが1881（明治14）年、神戸の小学校建設資材として城の櫓《やぐら》の一部が取り壊されたのを機に、旧藩士らが保存を求めて県などに抗議。当時の新聞は「決死籠城の覚悟」との見出しで、士族500人が物々しい集会を開いた様子などを報じている。

2年後、有志運営の私設公園として許可を受けた。当時、廃城が決まった城跡が公園に認められたのは県内で初めて。全国でも5例しかなかった。

城郭研究家の森山英一さん（82）＝川崎市＝は「旧士族が尽力して城を保存した珍しいケース。ただ、新政府に反乱と取られかねない騒動にもなっており、これ以上刺激しないよう、城という名称を避けたのでは」と推測する。（小西隆久）

神戸新聞2019年5月30日

5章

いにしえの息吹

古地図にみる城と町

一　公儀の城――土木工事7カ月で完了　戦闘意識し南、西に高石垣

築城400年を迎えた明石城。藩政文書はほとんど散逸しているが、明石城を描いた古地図が、全国各地に約50点も残っていることが、明石市文化振興課市史編さん担当の宮本博らの調査で明らかになってきた。古地図は色鮮やかに、失われた景観を描く。そこに込められたねらいやメッセージは？　本章では、古地図から明石城や城下町の素顔や知られざるエピソードを読み解きたい。

織田信長と徳川家康を曽祖父に持つ小笠原忠政（藩主在職1617～1632年、のち忠真と改名）が築いた明石城。築城間もないころを描いた「播磨国明石新城図」＝101頁、102頁に一部を拡大＝が「小笠原忠真一代覚書」（東京大学史料編纂所蔵謄写本）に収録されている（146頁に全体図）。姫路藩主で義父の本多忠政が立地や設計に深く関係しており、絵図には2人が建物の配置を決めたと記載されている。

三方を水堀に囲まれ、北西は鴻ノ池、北と北東は谷底で守られている様子は今と変わらない。鴻ノ池は、現在は剛ノ池だが、江戸時代の前半は鴻ノ池と呼ばれた。絵図の古さを考える上での指

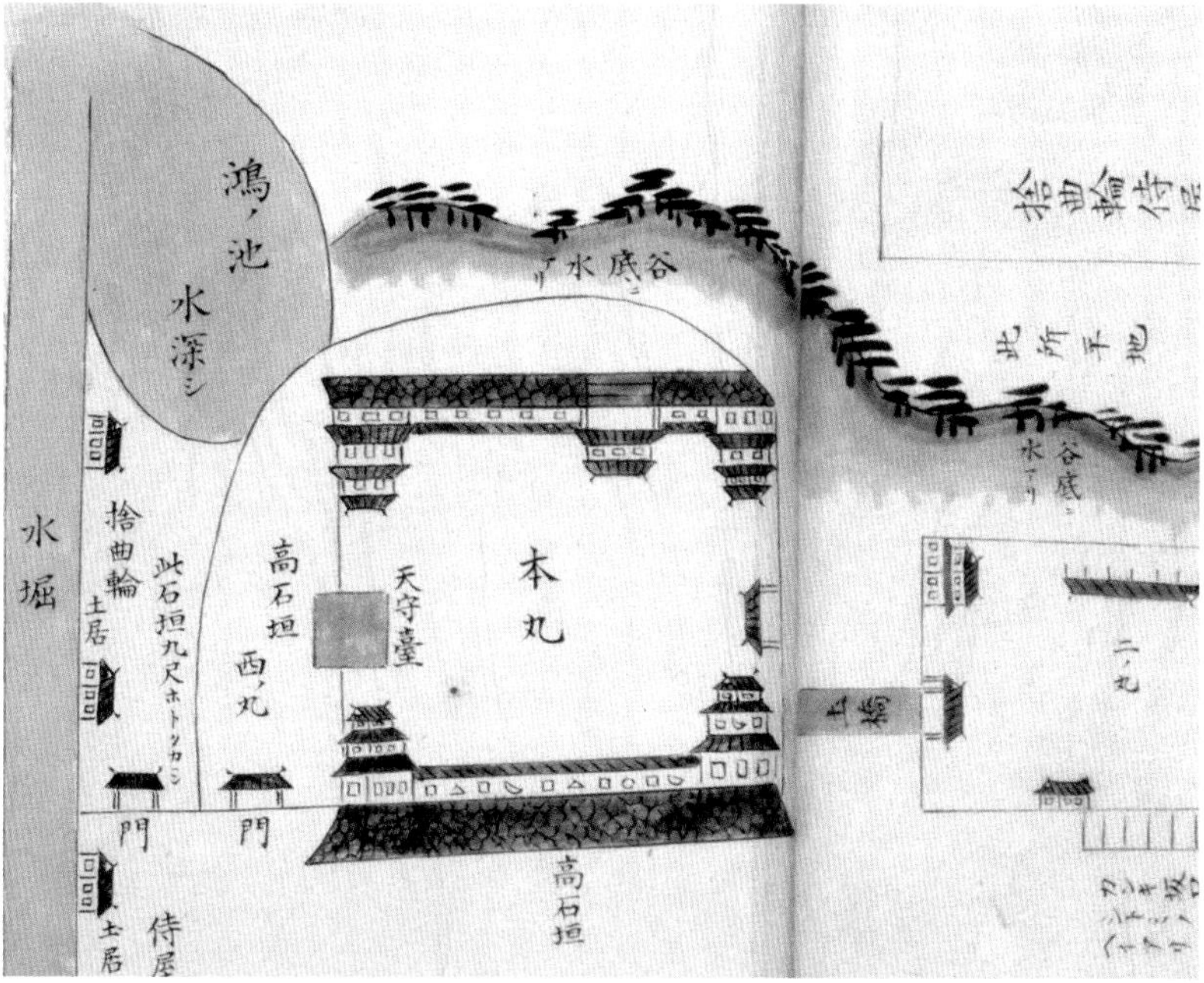

「小笠原忠真一代覚書」に収録された「播磨国明石新城図」。三重の櫓が四方に巡らされた本丸。北西の池は、「鴻ノ池」とある

標の一つになる。

小笠原忠政は元和5（1619）年正月に着工、塀や門、家造りを担当した。

しかし本丸・二ノ丸・三ノ丸の石垣・土居・堀のいわゆる土木工事は、江戸幕府から派遣された3人の奉行衆が直接指揮した。江戸幕府は費用も銀1千貫（約31億円）を負担した。明石城が「公儀普請」といわれるゆえんである。

江戸幕府が先導して築かれた城は少なくない。

県内では篠山城もその一つ。ただ大半は慶長5（1600）年の関ヶ原の戦いの直後の築城だ。豊臣家が滅びた大坂の陣の後では、高槻城や尼崎城、そして明石城などにとどまる。

それだけ西国の豊臣家恩顧の大名への備

えとして、明石城の重要性が浮かぶ。

中堀で囲まれた城の広さは14万3千平方メートル。同時期に「公儀普請」で築かれた尼崎城や高槻城よりも規模が大きく、城下町まで含めた広さは姫路城にも匹敵する。明石城にかけた幕府の思いが透けて見える。


さて土木工事に話を戻そう。

工事には京都や大坂から町人たちが大勢駆けつけ、入札で石垣や堀工事を担当した。着工からわずか7カ月後の元和5（1619）年8月、本丸に加え二ノ丸、三ノ丸の石垣や堀も完成。江戸幕府の奉行衆は、江戸に引き上げた。

翌年4月には建物の工事も完了した。豊富な資金で民間力をフルに活用、明石城の工事は驚くべきスピードで終わった。

「播磨国明石新城図」によると、本丸は四方に三重の櫓《やぐら》が築かれ、南面、西面は高石垣。本丸の西は西ノ丸。後世は稲荷神社が祭られたことから稲荷曲輪《くるわ》（郭）と呼

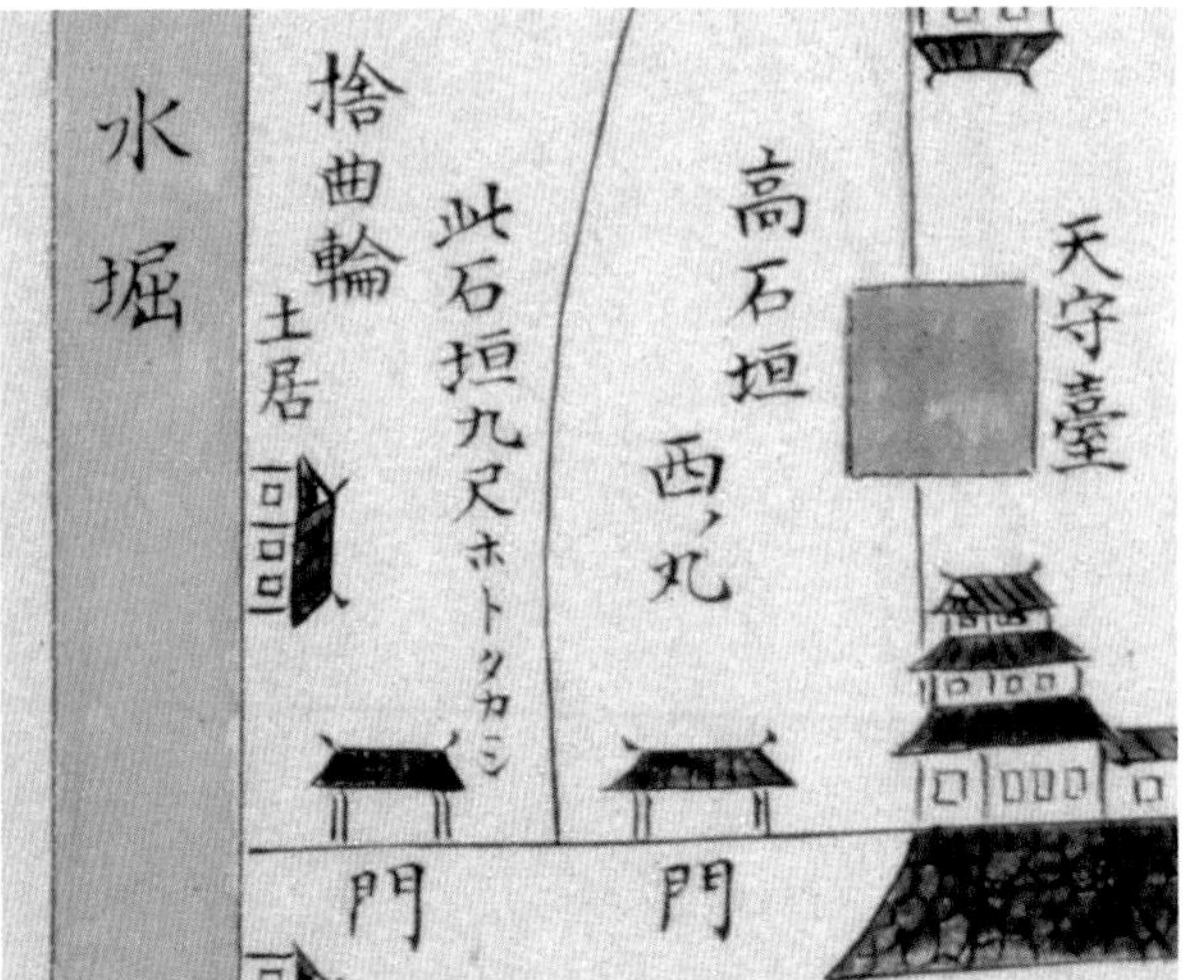

天守台の西の西ノ丸に高石垣、捨曲輪が描かれている

ばれるが、この時代は西ノ丸と呼ばれた。その西、約2・7メートルの高さの石垣を挟んで捨曲輪がある。捨曲輪とは、いざ戦闘になれば本丸から打って出て、守勢になれば放棄して退散する戦闘用の曲輪。捨曲輪は北にもあった。

二ノ丸、三ノ丸も高石垣で守られ、本丸や二ノ丸・三ノ丸の間は門で区切られていた。戦闘を強く意識した城だった。

空から見た明石城の全景。平成31年、築城400年を迎えた（兵庫県園芸・公園協会提供）

▼幕府築城奉行の横顔

明石城築城のため江戸から派遣された奉行は村上吉正、都筑為政、建部政長の3人。村上は元和3（1617）年姫路藩主が池田家から本多家に交代した際に播磨に常駐。混乱なく領主交代が行われるよう触れを出し、本多忠政と寺社との領地争いを収束させた。都筑は姫路藩主本多忠政の父の家老を務めた。建部は大坂の陣で尼崎城を死守、徳川勢の勝利に貢献した。いずれも、軍政や戦闘に秀でた実力者だった。特に村上は播磨国奉行という要職にあったと思われ、土木事業で民衆を動員する権限を持っていたようだ。

二　黄金御殿――全焼した豪華な本丸　幕府に提出の精密図

江戸幕府は正保元（1644）年、各藩の城郭を正確に測量した「正保城絵図」（国立公文書館蔵）＝105、106頁に一部を拡大、150頁＝の提出を命じ、江戸城内の文庫に収蔵した。幕末の記録では131点が残っていたが、現在は国立公文書館に63点があり、県内は明石城と篠山城だけが残る。国の重要文化財である。

前項で紹介した小笠原忠政時代の「播磨国明石新城図」と比べ、「正保城絵図」の詳細さは際立っている。本丸は「東西六拾四間（約116メートル）、南北六拾弐間（約113メートル）」などと長さが書き込まれている。実際の測量と若干食い違う部分もあるが、規模を明記した最古の明石城図である。本丸の南にあった居屋敷は堀で囲まれている。

「正保城絵図」を見ると本丸・二ノ丸の文字は海に向かい、海峡を監視する役目を担った明石城の宿命を無言のうちに語っている。

本丸は空き地になっていて、建物は描かれていない。これは寛永8（1631）年正月、三ノ丸の台所から出火して全焼したからだ。

本丸の多聞櫓《たもんやぐら》に保管されていた火薬に引火し、被害を大きくしたという。

藩主小笠原忠政は甥《おい》の龍野藩主小笠原長次の婚礼で不在だった。翌寛永9（1632）年正月から復旧に着手したが、明石城を築くために小笠原忠政は多額の借金をしており、本丸の復旧を断念した。

本丸がどのような建物だったか、残念ながら絵図は残っていないが、小笠原家の記録「清流話」に構造が詳しく紹介されている。

本丸の広間は6間に11間、藩主が座る上座は一段高く、金箔が貼られ、桧の絵が描かれていた。

鴨居《かもい》の上の長押《なげし》も金箔が施されていた。上座の隣の部屋、その隣で侍たち

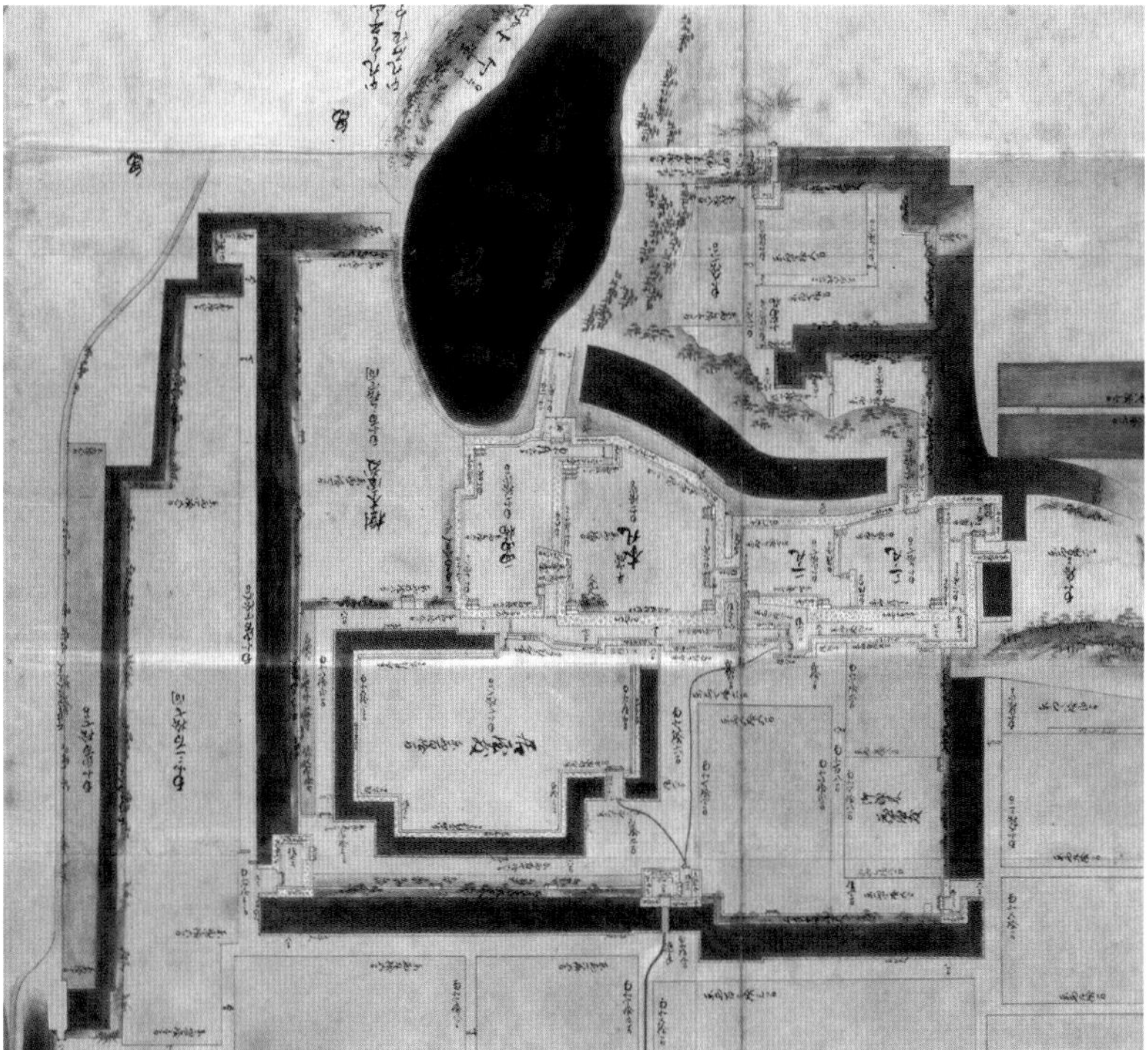

「正保城絵図」。右端上の薄緑色は足軽屋敷

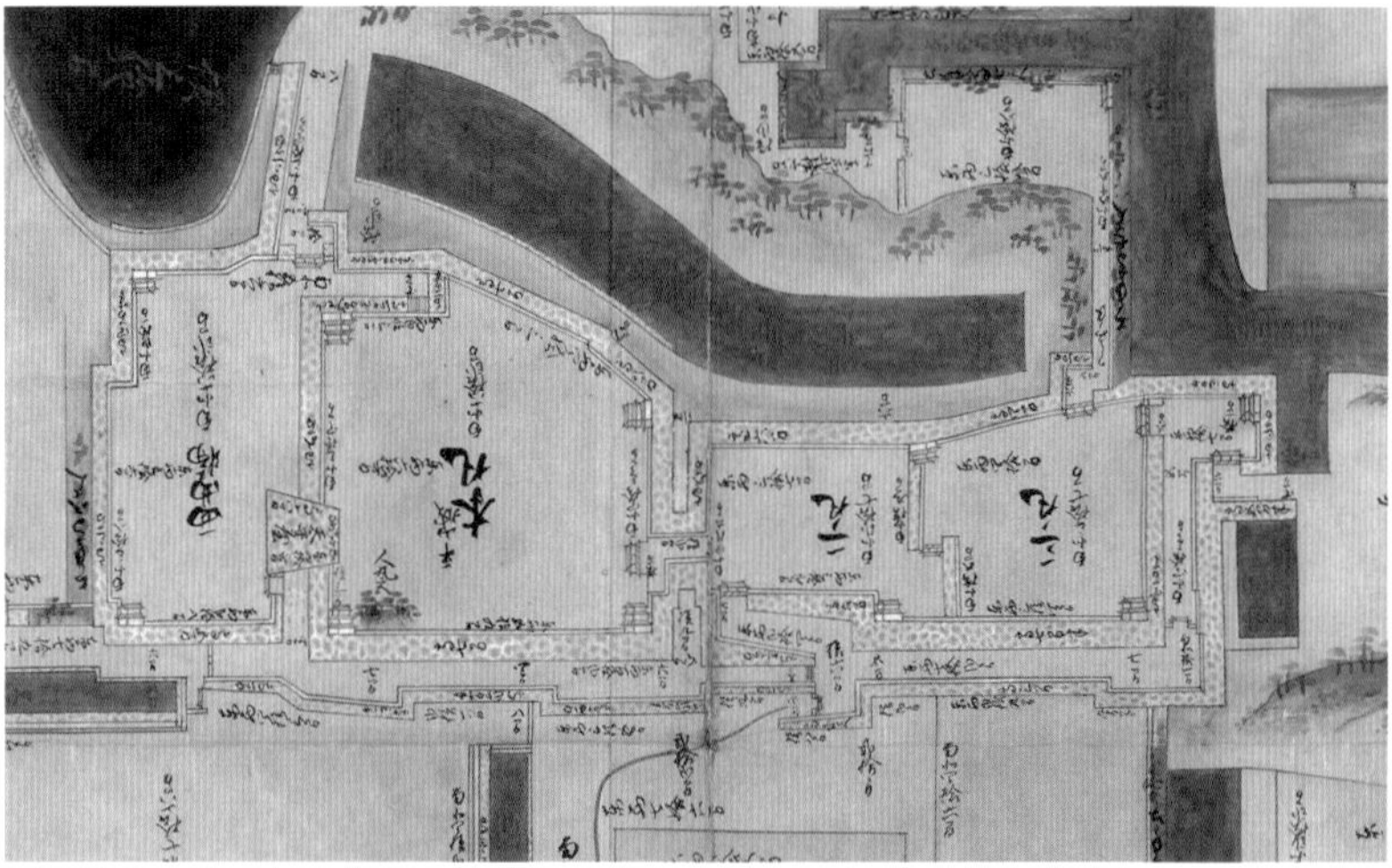

左から西曲輪・本丸・二ノ丸。櫓が隅に描かれ、東西南北の規模、石垣の高さなどが詳しく記されている

が番をする玄関前の座敷、寝間やその隣の部屋までも金箔が貼られ、松や小鳥が描かれていた。

絵は安土桃山時代を代表する画家長谷川等伯の弟子、長谷川等仁の作。贅《ぜい》を尽くした黄金の御殿だった。

書院や、小袖脱ぎの部屋という着替え室など多くの部屋があり、2階からは堺や和歌山まで見通せた。

「正保城絵図」を見ると、明石城の構造がよくわかる。ほぼ正方形で現存する中堀（現在は外堀と呼ぶ）の中が城郭で、外側に武家屋敷がある。武家屋敷は外堀（現在の国道2号の南端と桜町以北）で囲まれ、その南側に東西に細長い町屋と、海に沿って細長く切れ込んだ明石港がある。

身分に応じて居住区域が明瞭に分かれている。西は明石川が堀の役目を果たし、さらに西側に薄緑色の区画がある。同じ色は外堀の南東、中堀の北東の3カ所あり、凡例によれば「足軽「　」（破損）」とある。町屋の外側に足軽屋敷があるのは、町屋も含めて守りを固めるためだろう。ほかに凡例は、侍屋敷・町屋・水手中間屋敷・寺屋敷がある。藩から俸給を受ける者の中に身分の違いがあり、居住区域が制限されていることを物語る。

本丸跡。かつてここに黄金の御殿があった（撮影・小西隆久）

▼伏見城遺構は現存するか

南西にある坤櫓《ひつじさるやぐら》は、小笠原家の記録に「伏見城から移築された」と記録されている。しかし寛永の大火で本丸は全焼しており、現存する櫓が伏見城時代のものかどうか、昭和57（1982）年の修復工事では、確たる証拠は得られなかった。阪神・淡路大震災の後の復旧工事で櫓下を発掘調査したところ、焦土を埋め戻したことが判明。巽櫓《たつみやぐら》では火災で赤く色が変わった割れ石、表土の一部に焦土が見つかったが、礎石は火災に遭ってなかった。現存櫓はともに火災に遭い、礎石も含め再建したものと考えられている。

三　石垣の謎——軍事機密満載の絵図が流布？　築城は御影石、修理は竜山石

幕府が作製させ江戸城の蔵で保管されてきた「正保城絵図」を、下敷きに複製されたと思われる絵図がある。美濃国（岐阜県）岩村藩主だった松平乗命《のりとし》が明治14（１８８１）年、明治政府に献呈した「播州明石城図」で、国立公文書館に収蔵されている＝116、154頁。各曲輪の規模や石垣の高さが詳しく書かれ、城攻めには必須の絵図だ。

これに酷似した絵図が東京の古書店でも見つかり、明石市立文化博物館が２０１３年度に購入した。「播磨国明石城図」＝109、152頁＝で、こちらはどのように伝わったのか分からない。この絵図の〝発見〟によって、軍事機密満載の城絵図が複製され、出回っていたことが明らかになった。

江戸城にあった「正保城絵図」をベースに元図が作られ、軍学者などが写しを作ったのだろうか。誰が？　どのようにして？

江戸時代の軍事機密をめぐる情報戦を思い浮かべる。

さてこの「播磨国明石城図」を見ると、石垣が広範囲にめぐらされている。

今は明石球場になっているところにあった居屋敷や、武家屋敷を取り囲む外堀（現在の国道２号南

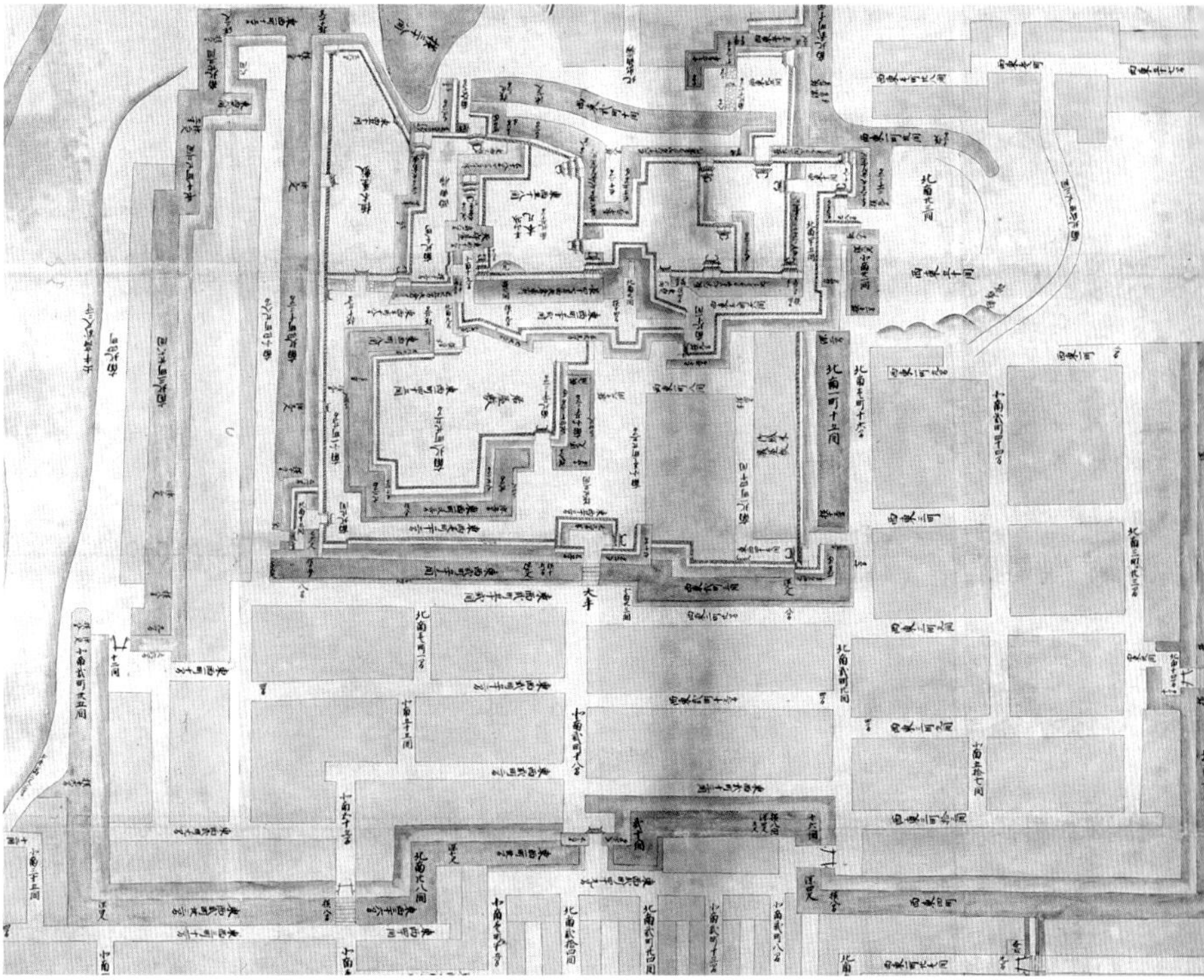

石垣の規模など軍事機密が満載された「播磨国明石城図」。複数作成され流布した

端と桜町以北）にも石垣があった。外堀は明治時代から埋め立てられ、居屋敷を囲む内堀は昭和４（１９２９）年からの整備工事で完全に消滅。さらに戦後、陸上競技場や自転車競技場、市立・県立図書館などが相次いで整備され、多くの石垣が撤去された。

現在、石垣は本丸、二ノ丸、東ノ丸や中堀などに残るだけだが、それでも現存する石垣の総面積は２万平方メートルにもなる。

明石城の石垣は平成７（１９９５）年の阪神・淡路大震災で大きな被害を受け、崩壊と「はらみ出し」が全体の８分の１に発生した。

その復旧工事が同年８月から20カ月

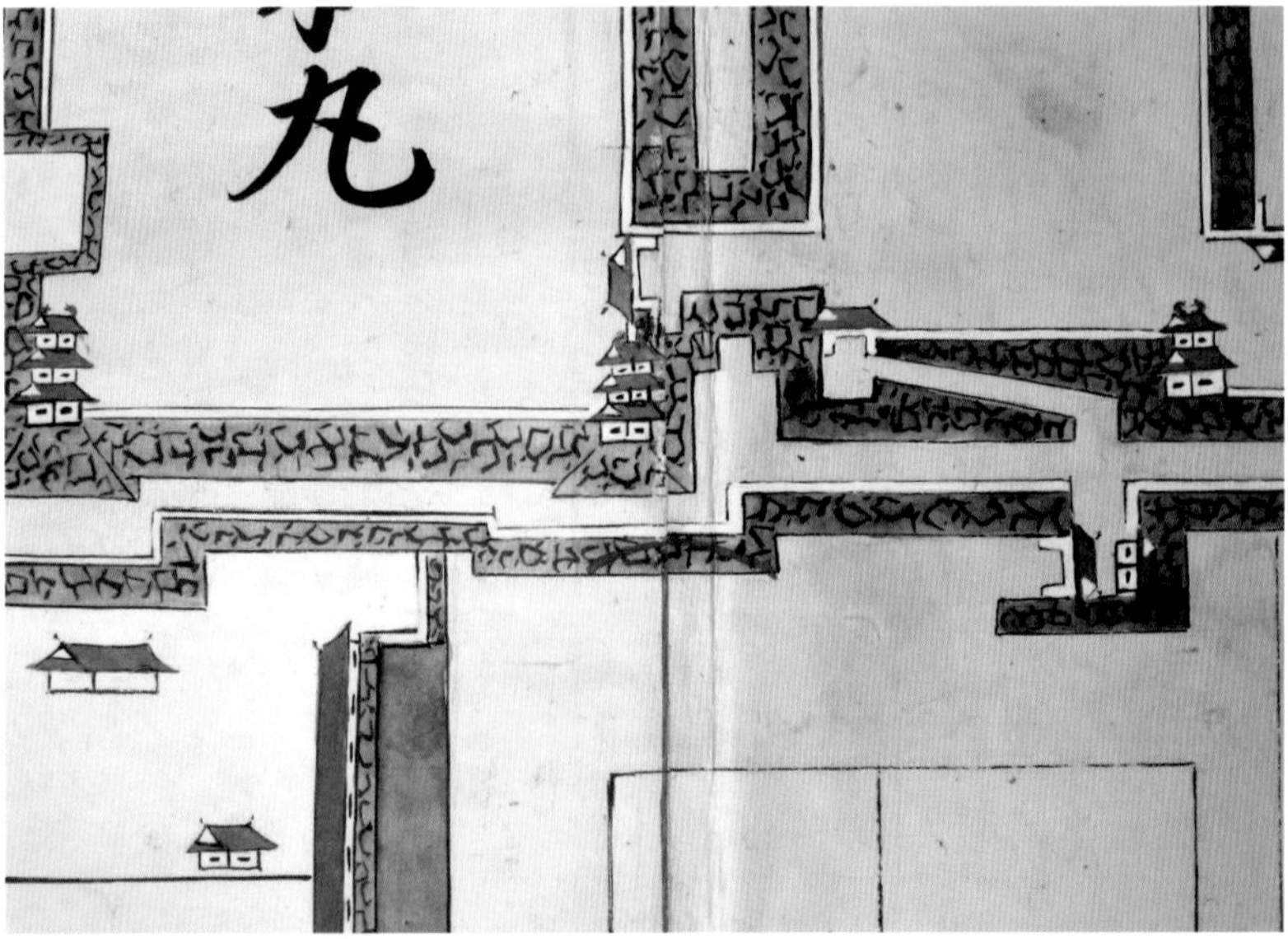

寛保元（1741）年に幕府に提出した「明石城石垣修補願図」（兵庫県立歴史博物館蔵）。
巽櫓の南の赤い円弧部分が修理箇所

で行われ、石垣の石を一つ一つ調査。「復旧工事報告書」によれば、石垣を積む工法は、第1期から第4期に分けられることが分かった。

第1期は花崗岩、俗にいう御影石を使い、石垣の表面は不定形の割石になっていた。産地は特定されていないが、淡路島や六甲山、垂水区の舞子古墳群などが想定されている。二条城の石垣普請で小笠原忠政は御影（神戸市）で採石をしており、明石築城でも使用したかもしれない。

第2期は竜山石を使い石の面が定型化していた。第2期の石垣背後の盛り土からは、火災に遭った小笠原家の家紋入り瓦が発見されており、寛永8（1631）年の大火災の復旧で積み直されたことが分かった。

第2期の石垣は本丸の西面・南面上部、二ノ丸へ続く土橋、二ノ丸の北面・西面・南面、東ノ丸の北面・南面西方と中央部、稲荷曲輪の西面など広範囲に及ぶ。第3期は幕末まで、第4期は明治以降で、修理が繰り返された。築城時と修復時で産地はなぜ変わったのか。「石垣の謎」は山積している。

明石城の高石垣。奥に見えるのは巽櫓（撮影・小西隆久）

▼江戸時代の災害と石垣修復

石垣は寛永の大火や阪神・淡路大震災以外にも寛文2（1662）年に大地震、寛文10（1670）年には大風雨で本丸など櫓が多数破損、元禄13（1700）年には8～12月に石垣修理が行われた。元文4（1739）年には坤櫓を修復、寛保元（1741）年には巽櫓の南の石垣の修復が行われた。このときの絵図が「明石城石垣修補願図」＝右上図。「高さ5・5メートル、約9・1メートルが崩れた」とある。文化4（1807）年には焔硝蔵から出火、天保9（1838）年には御殿が全焼。嘉永7（1854）年には地震にも遭った。

四　移動する三ノ丸——豊臣勢消滅で二ノ丸分割　18世紀に東ノ丸に

明石城本丸の東には二ノ丸、その東には石垣で区切られた郭《くるわ》がある。今、東ノ丸と呼んでいる。ところが、ここをそう呼ぶようになったのは江戸時代半ばから。延享３（１７４６）年と記した「明石城内図」（個人蔵）＝113頁の図、166頁＝に東ノ丸とある。このほか享保６（１７２１）年ごろの「明石記」（東京大学史料編纂所蔵謄写本）に挟み込まれていた「明石御郭内之図」には二ノ丸を東丸と記している。

それ以前は、これまで連載で紹介した小笠原忠政時代の「播磨国明石新城図」（東京大学史料編纂所蔵謄写本）以降、大久保季任（在職１６３９～１６４９年）時代の「播州明石城図」（小田原市立図書館蔵）＝114頁の図、148頁＝や、享保元（１７１６）年と記した「播州明石城之図」（名古屋市・蓬左文庫蔵）まで、一貫して三ノ丸となっている。

絵図に書かれた年代をどこまで信じてよいか悩ましいが、18世紀前期に東ノ丸の呼称が定着したのではなかろうか。

ところが、築城直後は三ノ丸ではなかったことが「小笠原忠真一代覚書」に記載されている。

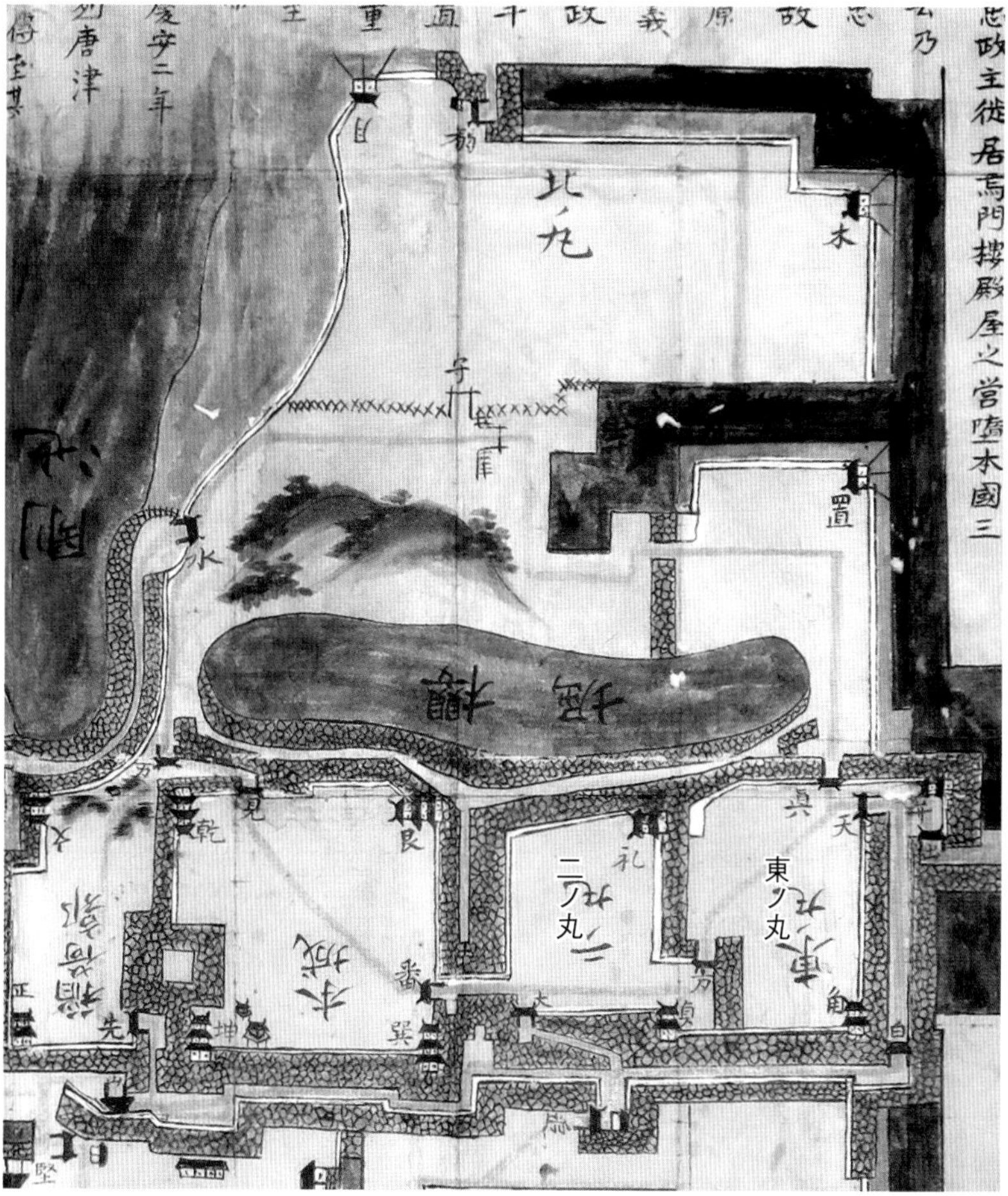

延享3（1746）年の「明石城内図」（個人蔵）。二ノ丸の東は「東ノ丸」と明記されている

「二ノ丸は東西に長いので、中ほどを土居で仕切り、門を設け、これを三ノ丸（後の東ノ丸）と称した」と書いているのである。

二ノ丸と東ノ丸の区切りは、今は石垣だが、小笠原時代の「播磨国明石新城図」では土居になっているうえ、二ノ丸・三ノ丸の南の広場に「元三ノ丸」という注記もある。

すなわち築城当時は、山上は本丸・二ノ丸だけで、南側の広場が三ノ丸だったのである。
その直後に二ノ丸が土居で分断され、東部分が三ノ丸となり、18世紀前半に東ノ丸という名称が定着したことになる。南の広場は、最初三ノ丸だったが、「元三ノ丸」となり、東ノ丸誕生以降に、また三ノ丸に戻った。絵図表記の変化を「小笠原忠真一代覚書」の記載が裏付ける。

では、小笠原時代になぜ二ノ丸は分割されたのか。その謎は、明石城築城中に起きた広島城主福島正則の改易（所領没収）が関係しているのではないか。

福島正則といえば大坂の陣で徳川方に味方したものの、豊臣恩顧の大名の筆頭格。幕府が最も警戒した人物である。

幕府は元和５（１６１９）年6月、福島正則に50万石の没収と転封を命じた。緊迫の中、小笠原忠政は広島からの船を通さないよう厳戒態勢を敷いた。

しかし福島正則は抵抗せず、幕府や小笠原忠政の心配は杞憂に終わった。豊臣勢消滅によって平和が到来、大軍が駐在

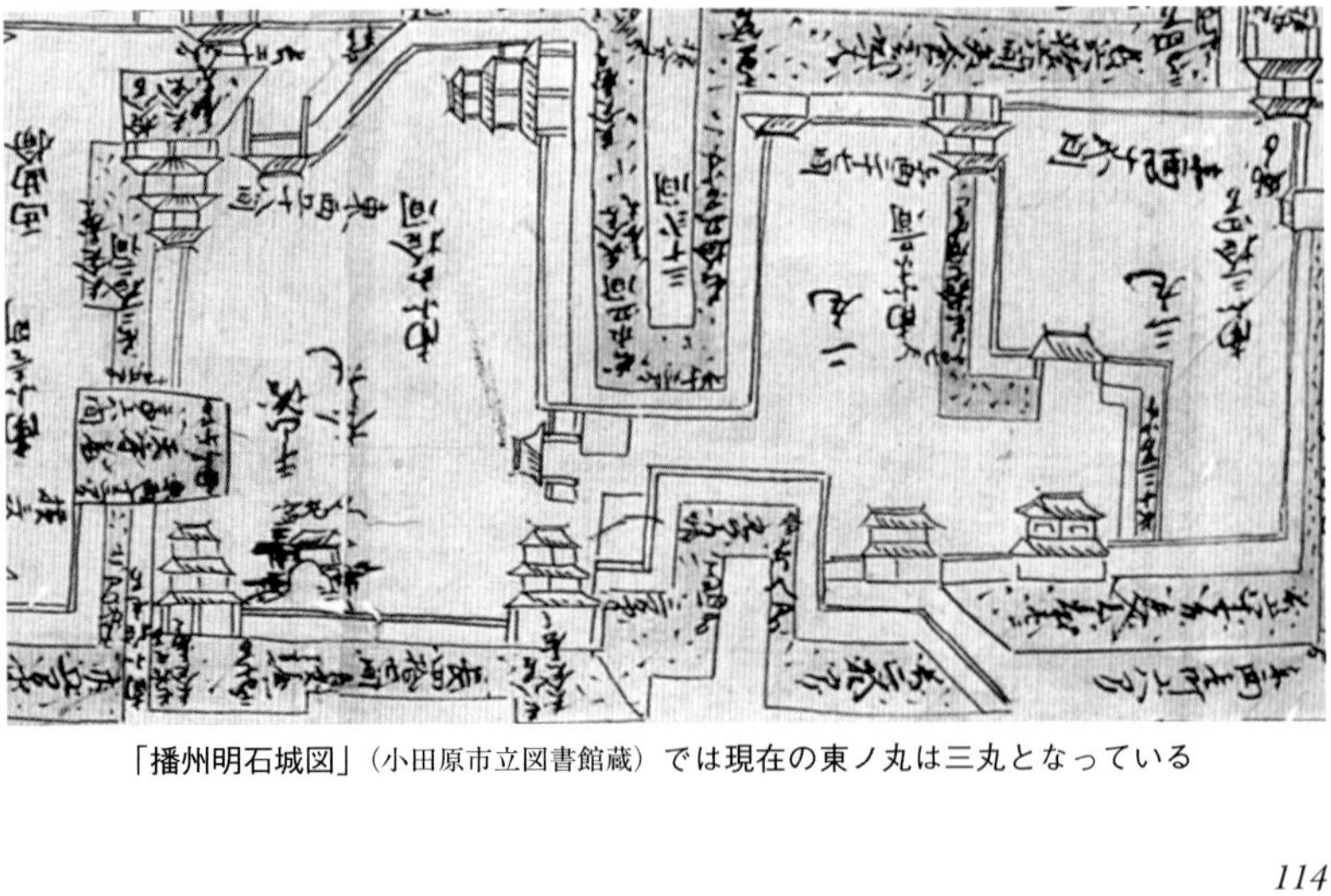

「播州明石城図」（小田原市立図書館蔵）では現在の東ノ丸は三丸となっている

明石公園から眺める市街地

する広大な三ノ丸は必要性が大幅に低下。藩の経済力からは城の規模が大きすぎると思われたのではなかろうか。

豊臣勢から大坂城を守るために「公儀普請」で始まった明石城築城は、完成直前に曲がり角を迎えたのだ。

▼福島正則改易と小笠原忠政

元和5（1619）年福島正則の改易で、京都にいた小笠原忠政は、急遽明石に戻った。藤江、船上、塩屋など5カ所に船番屋を置き、大砲2、3挺を据えた。家老クラスの重臣に守らせ、1カ所に騎馬侍5騎や足軽50人らを配置。8挺の艪《ろ》を備えた船足の早い船で明石海峡を通航する船を番所の前まで引き寄せ、広島からの船でないことを確認しないと通さなかった。沖を通航しようとする船には容赦なく鉄砲を撃ちかけたという。

五　北の守り――城の弱点見抜いた配置　忍者や老練な家臣居住

現在、県立図書館やあかしふるさと図書館、自転車競技場のある辺りは、小笠原忠政（後、忠真と改名）時代の「播磨国明石新城図」＝118頁上図、146頁＝には「捨曲輪《すてくるわ》、侍屋敷四、五軒あり」と書かれている。戦闘の時、打って出て不利になれば撤収して文字通り捨てる区画で、侍屋敷が4、5軒あったとする。この北の捨曲輪は、小笠原忠政の義父で、城のプランを練った姫路藩主本多忠政自慢の設計だったという。

明石城は人丸山（別称・赤松山）に本丸・二ノ丸などを配置し、西・南・東からの攻めには万全だが、北は六甲山系の西端の突端にあり、大山寺原と呼ばれていた。

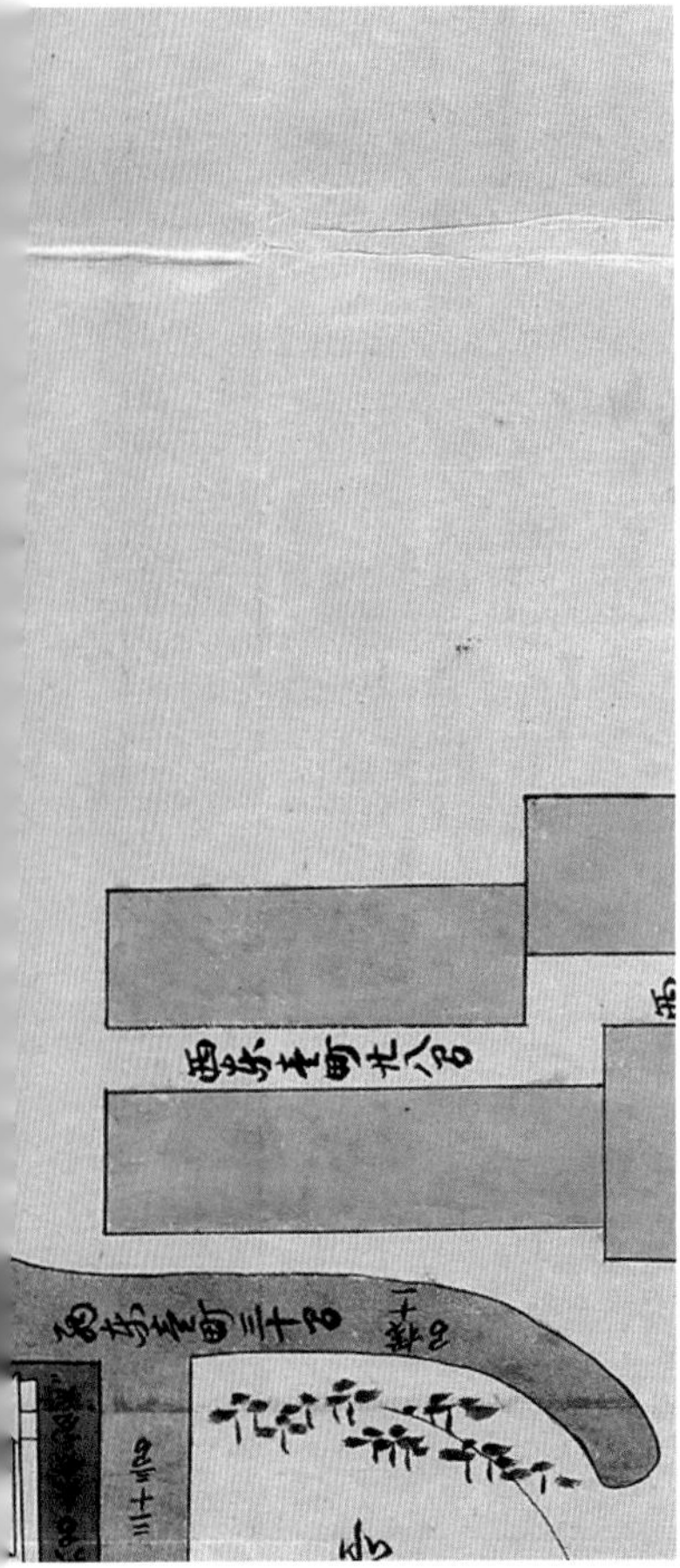

大山寺原は二ノ丸・三ノ丸よりも高く、馬が自由に駆けることができた。二ノ丸などとの間に桜堀があるが、二ノ丸などが見下ろせるのは防御の弱

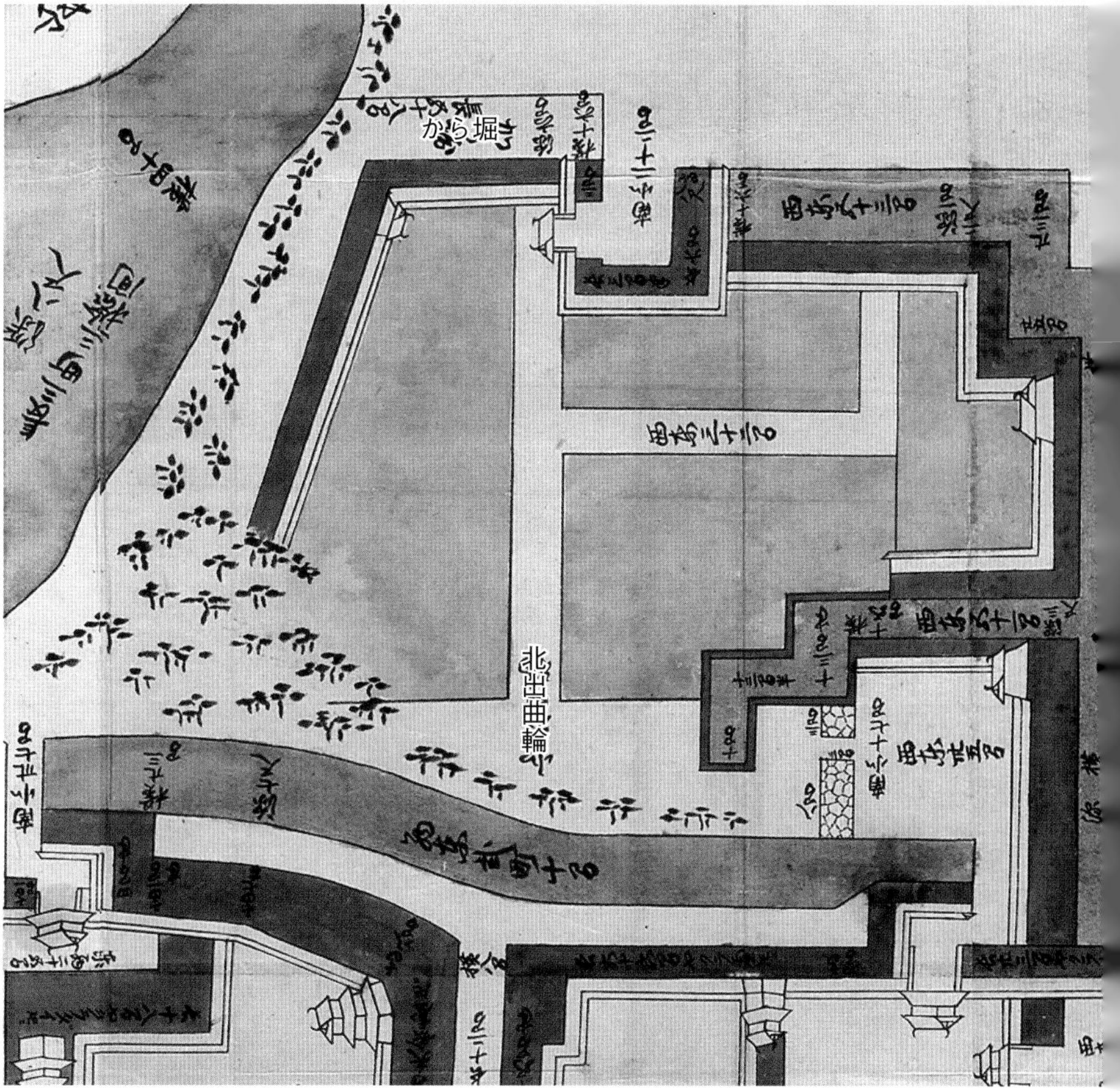

「播州明石城図」（国立公文書館蔵）の描く北出曲輪。南北の堀が薬研堀

点だった。

小笠原忠政の事績録「小笠原忠真一代覚書」などによれば、本多忠政は防御のためここに捨曲輪を設け、用心のため老練な侍4、5人を置いたと書かれている。この記述は「播磨国明石新城図」とも一致する。

捨曲輪を詳細に描いた後世の絵図「播州明石城図」（国立公文書館蔵）。

北には門があり、北・東・南は堀に囲まれ、北西には櫓《やぐら》がある。西は鴻ノ池（剛ノ池）と石垣、空堀に囲まれている。このうち東側の堀は薬研堀《やげんぼり》で、現在も南側が残っている。絵図には北出曲輪と書かれているが、延享3（1746）年「明石城内図」（個人蔵）＝113頁の図、166頁＝などでは北ノ丸と書かれている。

大久保季任（在職1639～1649年）時代の「播州明石城図」（小田原市立図書館蔵）＝下図、148頁＝には北出曲輪の中央に「五軒屋鋪（敷）伊賀之者」と書かれていて、伊賀忍者を配置した。小笠原時代に侍4、5人を置いたことが「五軒屋敷」という地名になっている。

薬研堀の東側にある足軽屋敷は大島武左衛門組。大島武左衛門は正保3（1646）年の家臣名簿では250石取りの中堅家臣だった。大島組の足軽屋敷から北出曲輪への

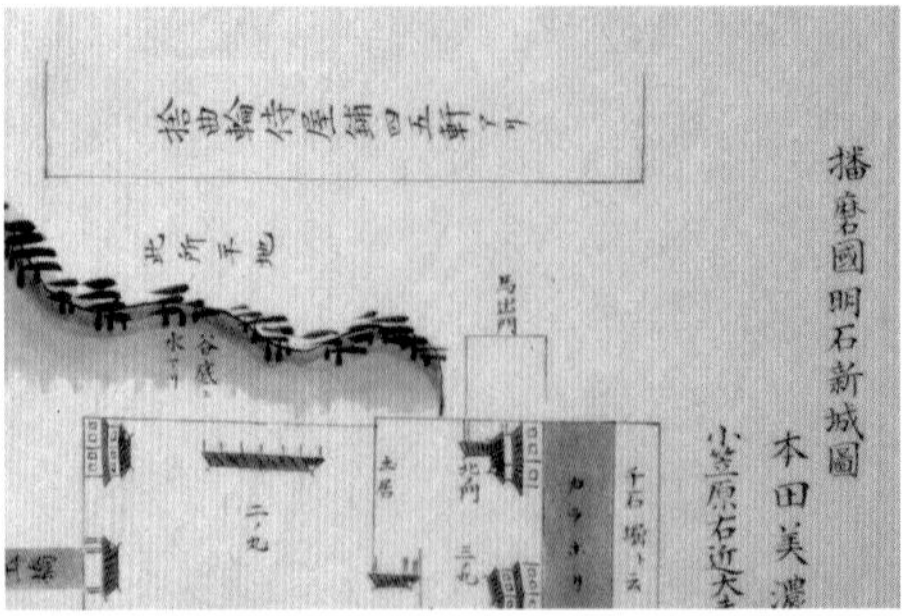

「播磨国明石新城図」（「小笠原忠真一代覚書」所収、東京大学史料編纂所蔵謄写本）の三ノ丸の北側の捨曲輪

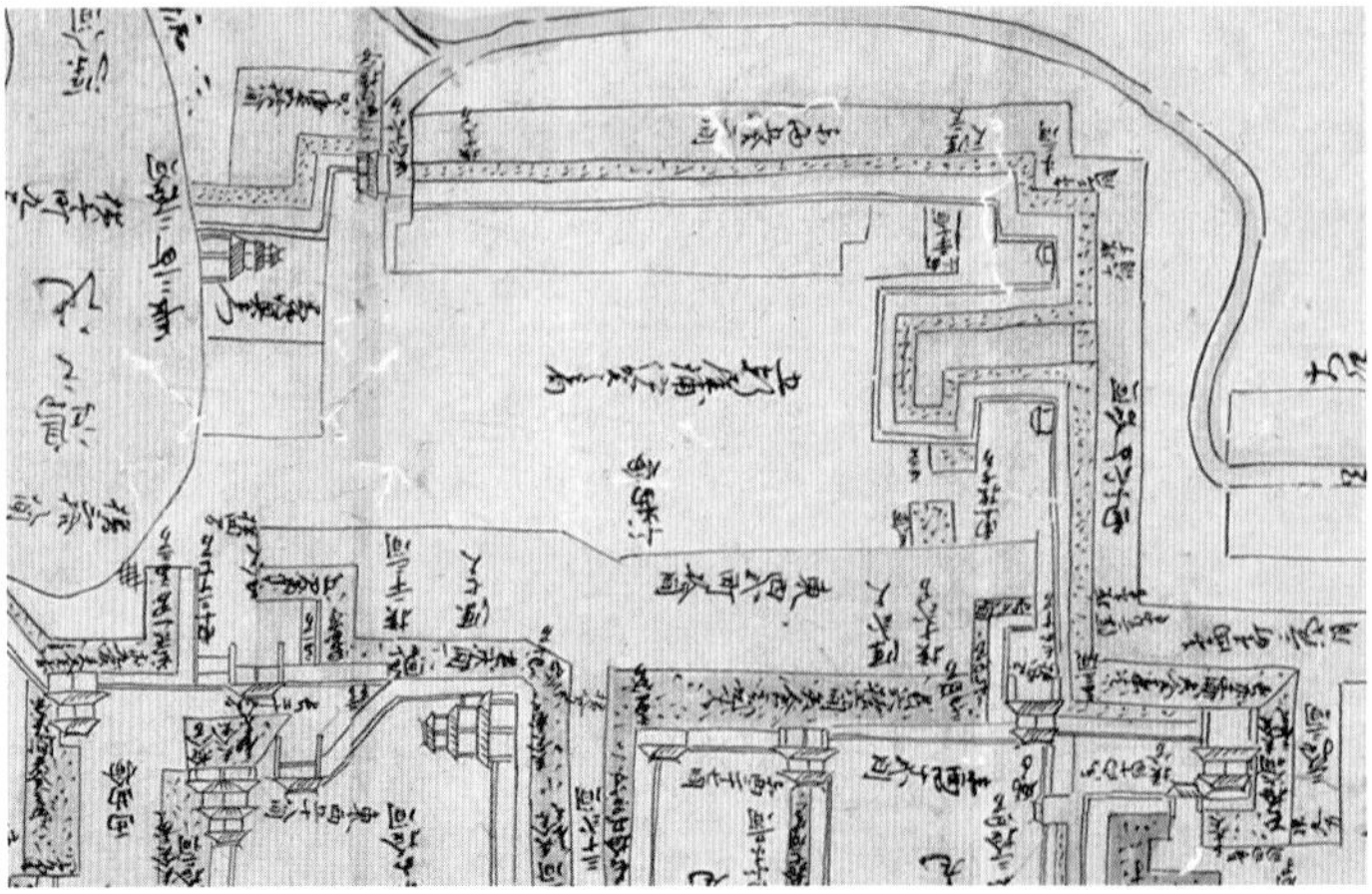

「播州明石城図」（小田原市立図書館蔵）の前ページとほぼ同じ範囲の部分。「五軒屋鋪（敷）伊賀之者」と記載されている。

道があり、危急の時は、まず北出曲輪に駆けつけたのだろう。
平和な時代とはいえ、忍者を配置するなど、備えを怠らない様子がうかがえる。

明石城の弱点を防ぐ捨曲輪があった辺り＝明石公園、薬研堀

▼北出曲輪のその後

北出曲輪は明治16（1883）年の「播磨国明石郡大明石村全図」＝170、172頁＝を見ると、建物はなく全域が原生林になっている。一方、薬研堀東側の足軽屋敷は字上ノ丸で民家がある。大正11（1922）年の明石公園拡張工事の配置図を見ると、薬研堀につながる北出曲輪南側の堀は、干上がっている。また昭和7（1932）年の明石公園概要図ではこの堀はほとんど埋まっていた。北出曲輪の堀の形を大きく変えたのは同25（1950）年に完成した自転車競技場で、薬研堀の北半分と北出曲輪の南北にあった堀は完全に埋め立てられた。

六　重臣の格式――城郭外へ家老屋敷転出　官公庁に様変わり

現在の明石球場の辺りは小笠原忠政時代の「播磨国明石新城図」＝146頁＝によれば、藩主の下屋敷のほか、家老屋敷、侍屋敷があった。

寛永8（1631）年の大火で本丸に加え下屋敷が焼失。忠政は、広間・書院・藩主の日常の間・風呂屋・料理の間・詰衆の番所などを小規模に復旧するのにとどめた。

以降、代々の藩主はこの場所を生活と政務をとる公私の場として利用。「居屋敷」と呼ばれた。藩主が大久保季任（在職1639～1649年）時代の城と城下町を描いた「播州明石城図」（小田原市立図書館蔵）＝122、148頁＝が残っている。

絵図から巽櫓《たつみやぐら》、坤櫓《ひつじさる》と居屋敷、その東側の区画を拡大したのが写真である。小笠原時代に居屋敷付近にあった侍屋敷や家老屋敷はなくなっている。

居屋敷の内部はいくつもの建物がつながって描かれている。居屋敷は東、南、西と北西が堀で守られ、四方を石垣で囲まれていた。

居屋敷の北東、石垣の内側には「御馬屋」があり藩主の馬が飼われていた。居屋敷南東が入口で、堀を渡ったところに門がある。切手門で、文禄3(1594)年に豊臣秀吉が伏見城に薬医門として建て、明石城に移築されたと伝えられる。明治15(1882)年、払い下げになり月照寺に移され山門となった。現存する唯一の明石城の城門である。

居屋敷の東側は5区画に区切られ、居屋敷側に辻七郎左衛門と杉浦平太夫の屋敷、そして大工小屋、御蔵がある。そのさらに東の堀端には御城米蔵、東丸の二つの区画の記載がある。

ここでいう東丸とは、大久保季任の姉、桃源院(東丸様)の屋敷地。辻七郎左衛門と杉浦平太夫はいずれも大久保家の家老級の重臣で、辻は900石、杉浦は1300石取りだった。

大久保時代には、居屋敷付近の家老屋敷はなくなったが、居屋敷の東側はまだ家老屋敷が残って

明石城から移された山門。明石城の城門で唯一現存する
＝明石市人丸町(撮影・小西隆久)

いた。

慶安2～延宝7（1649～1679）年に在城した松平忠国・信之時代の「播州明石図」（山形県上山市立図書館蔵）＝156頁＝では、東丸屋敷は松平図書、杉浦屋敷は松平源太左衛門の屋敷となり、辻の屋敷は役人が寄合をする会所になっている。

ところが、天和2（1682）年に松平直明が入城した以降は、中堀内の家老屋敷は一掃される。

家老屋敷があった場所は、会所や藩財政を担当する勘定所などになって幕末に至っている。大久保季任時代にあった大工小屋も登場しない。

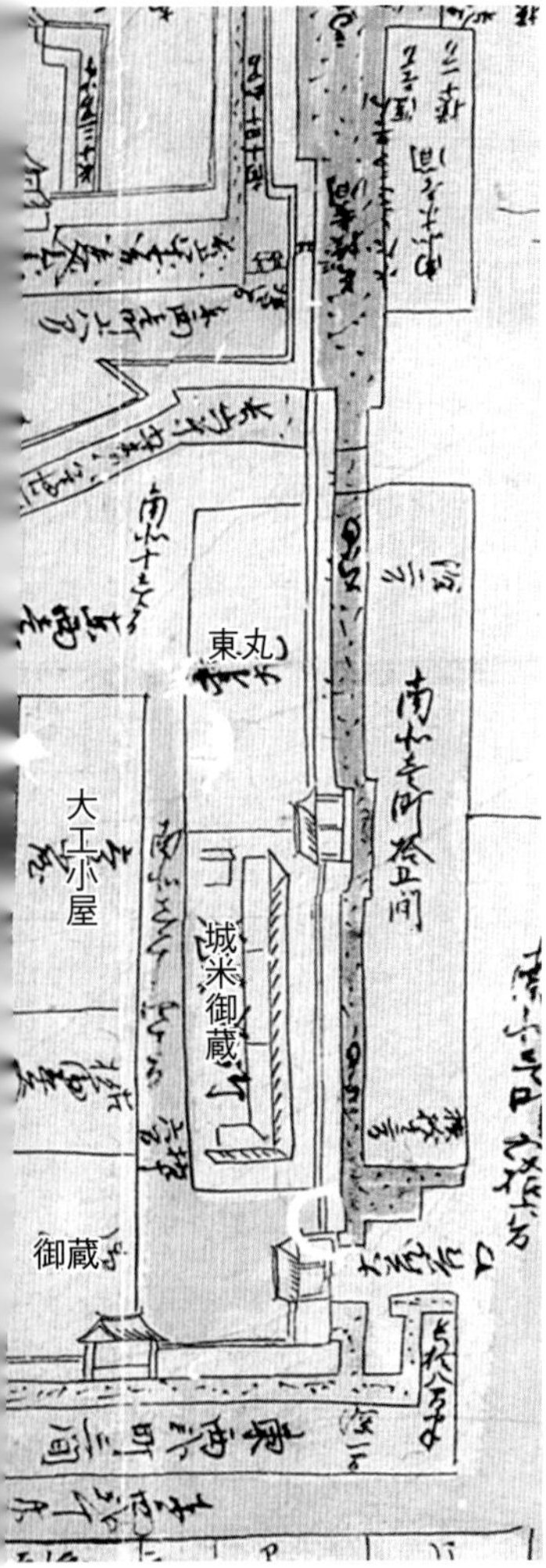

▼織田家長屋門

明石城武家屋敷の唯一の遺構として織田家長屋門が中堀に面して現存している。明石市指定文化財。この門は小笠原忠政が明石城を築いた際に、船上城から移築されたと伝えられ、門に使われている飾り金具は室町時代の様式を備える。小笠原時代の居住者は判明せず、松平直明入部以降、織田家が居住したためこう呼ばれている。この区画は一貫して家老級の屋敷にあてがわれ、大久保季任時代には服部清兵衛、松平忠国・信之時代には山村縫之助が居住していた。

松平直明は徳川御三家に次ぐ高い格式を持つ御家門・越前松平家出身。同じ郭《くるわ》の中に家臣が住居を

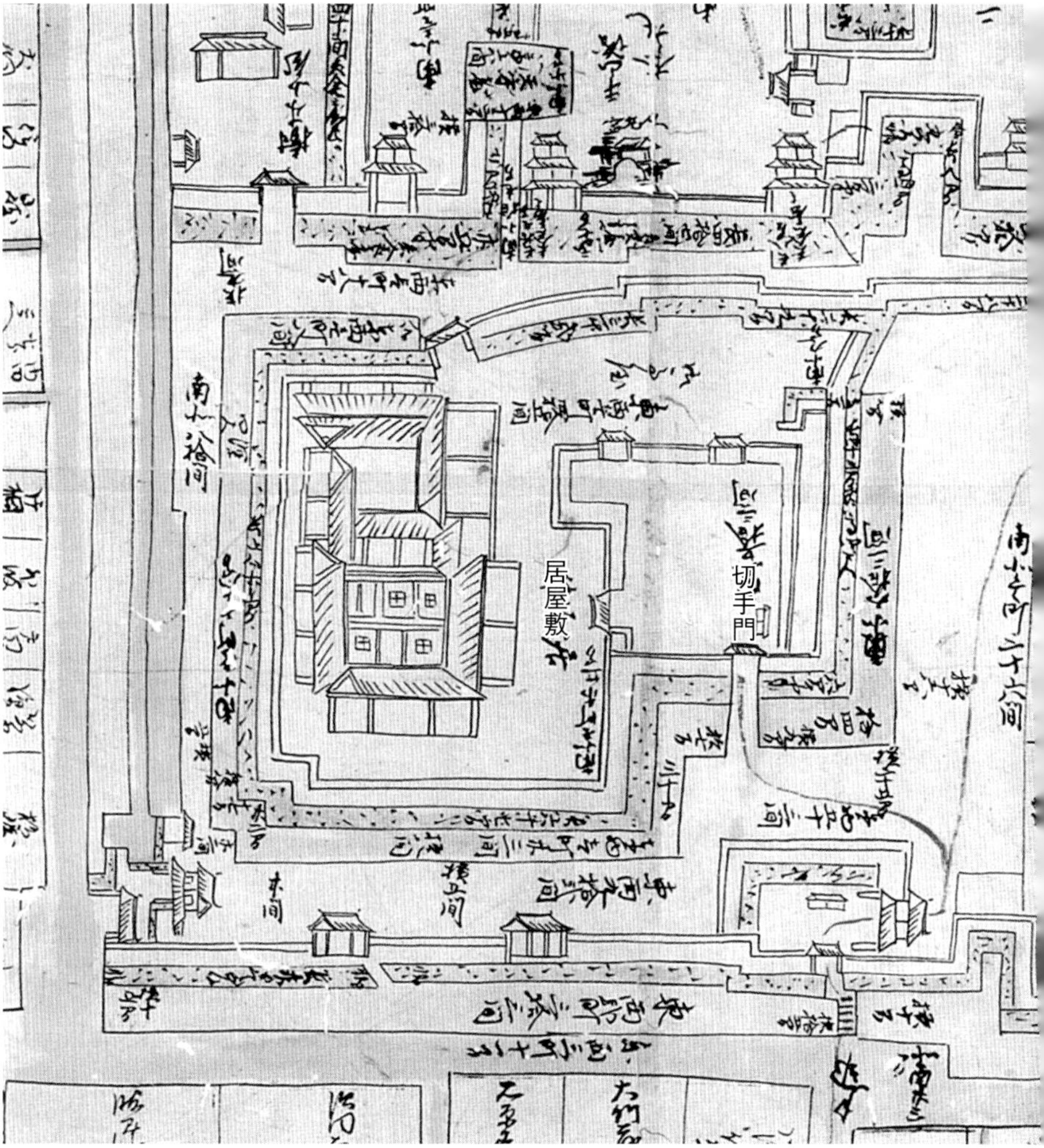

持つのを避けたのだろうか。

　城郭内は侍屋敷や家老屋敷もあった時代から、藩行政の中枢を担う官庁街に変わった。家臣に対する藩主の権威は居住区を分けることでさらに高まった。

「播州明石城図」（小田原市立図書館蔵）に描かれた居屋敷（左側）、右側に辻七郎左衛門らの屋敷があった

七　港も新築——藩主、現場で陣頭指揮　河口避け海陸交通の要衝に

明石城築城にめどをつけた小笠原忠政（のち忠真と改名）は元和7（1621）年に明石港を新築した。陣頭指揮で維持に取り組む様子を、「小笠原忠真一代覚書」は「新城に移ってから2年目に、明石港をよい船入り場にした」「川口が埋まるので、毎年3月3日には川口の石垣の上に畳を敷いて5日まで陣取り、家中残らず裸になってジョレンで砂を引き上げ、町人も人足を出し砂を運んだ」と伝えている。身分を越えて動員された。

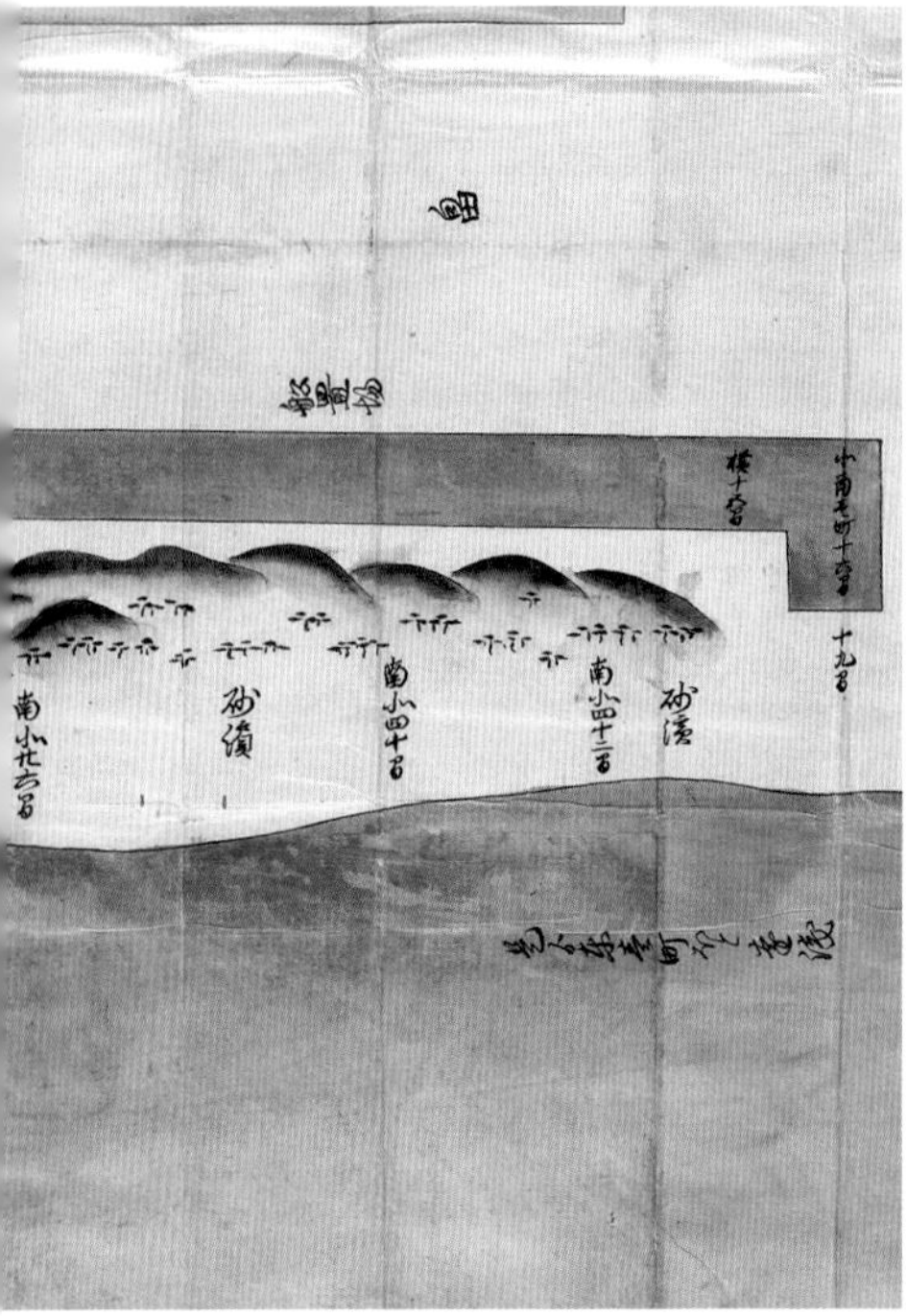

築城以前の明石港は、明石川西岸にあり、船上城に近接していた。これに対し明石城は明石川を堀とし、東岸の人丸山（別称赤松山）に本丸を設け、南側に西国街道と城下町を造る大改造。港も明石川の東岸に造り直し、城・町・街道と直結させ、明石は海陸交通の要衝となった。

新明石港には船上村から渡海船10艘《そう》余

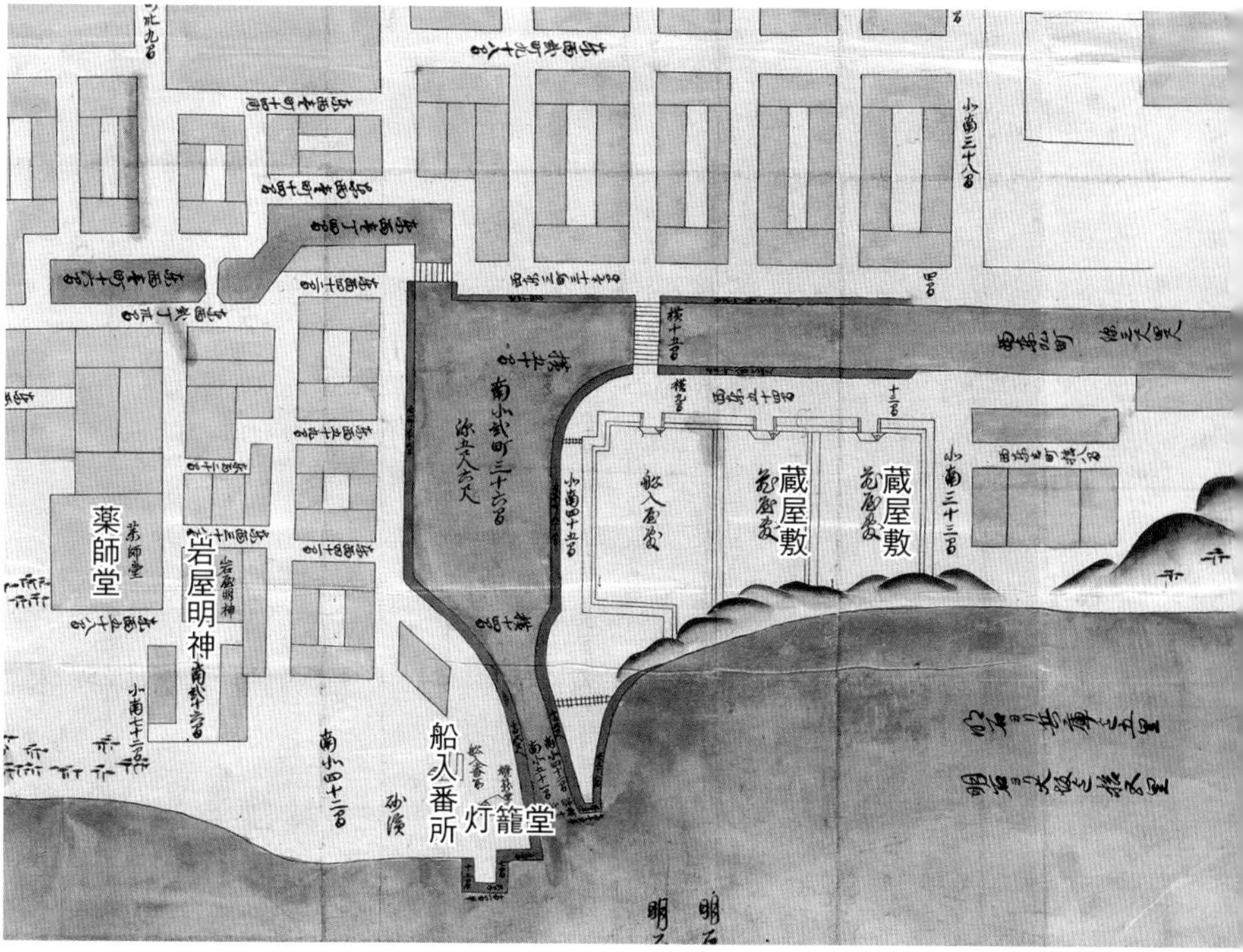

「播州明石城図」（国立公文書館蔵）に描かれた明石港。東西に細長い独特な形をしていた

り、廻船《かいせん》4、5艘、茶船3艘が移籍され、「宝の船入れ」と呼ばれたという。

工事半ばで忠政は小倉（福岡県）に転封になるが、その後藩主になった松平光重（在職1634～1639年）が工事を再開。浜屋敷増築、茶屋橋移築、恵比須橋架橋などを行い、完成させたとされる。

明石港の様子が「播州明石城図」（国立公文書館蔵）＝上図＝で詳しく分かる。港は西国街道と並行して運河のように東へ細長く伸びていた。東端は行き止まりで、先端はL字形になっていた。

港の入り口の西側には番所と灯籠堂があり、航行を管理、安全を担保した。海岸には岩屋神社、奥に薬師堂があり、薬師町の町名も生まれた。

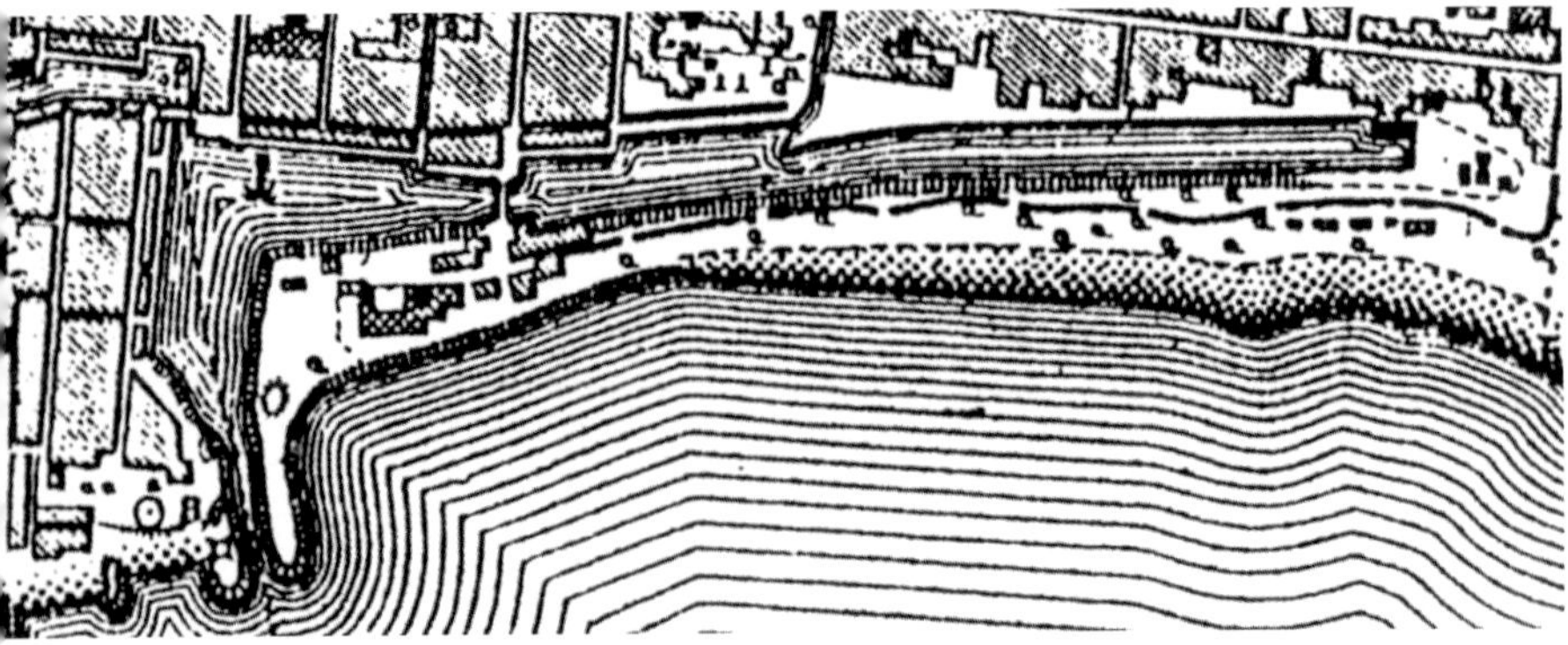

1886年測量の「仮製地形図」（参謀本部陸地測量部作成）にみる明石港

港内に入ると東岸に船入り屋敷、蔵屋敷があり、対岸とは茶屋橋で結ばれていた。ここから奥は倉が並び、砂浜になっていて、船置き場として利用された。

高砂港（高砂市）や飾磨港（姫路市）などが河口にあるのに比べ、明石港は河川の堆積物で港が浅くなる心配が少なく、維持管理は比較的容易だっただろう。

地誌「金波斜陽」によると、享保年間（１７１６〜１７３６）に城下町に帰属する船は計３８０艘にも増えている（うち廻船１艘が休業中）。内訳は漁船２１６、渡海船71、茶船54、魚船38。廻船・渡海船・茶船が海運に関係する船である。

大坂市中は安治川河口が浅く大型船は座礁しやすいことから、荷物を積み替えて運ぶ渡海船や茶船が活躍した。

明石海域の村々では漁船に加えて大坂へ上下する船の活躍も知られる。淡路の農漁村の産物も大坂に運び、帰りには市中の人糞

現在の明石港。今は明石城との間にビルが建ち並んでいる＝明石市上空（平成28年11月撮影）

を農作物の肥料として持ち帰った。

明石の船は大坂経済圏の一翼を担い、流通に加え、リサイクルと農業再生産の仕組みも担っていた。

明石港の新築は、その背景になっていた。

▼明石港の特色

「元禄国絵図」（国立公文書館蔵）には明石港について「西風の時は川口が埋まり、船が入らない。南風の時も船は入りかねている」とあって、風向きによって入港制限があった。また船上城時代の痕跡は、江戸時代後期になっても残り、明石藩の西浦辺組大庄屋が文化２（１８０５）年伊能忠敬の測量に先立って作成した「播州明石郡西浦辺組浜辺筋絵図」（個人蔵）には明石川西岸の河口に「古波門」がある。明治19（１８８６）年測量の「仮製地形図」＝右上図＝では明石港東端のL字形の部分がなくなっている。現在は浜光明寺以東部分が埋め立てられた。

八　壮麗な御殿暮らし――居屋敷が儀礼の中心に　幕末には本丸と誤解も

坤櫓の南側にあって、藩主の公私の場になった居屋敷の詳しい間取り図が残っている。写真に掲げた「明石城居屋敷郭《くるわ》御殿平面図」（明石市立文化博物館蔵）＝左図、168頁＝である。右下端が表玄関（写真中の①、以下番号のみ表記）で37畳あり、床の間もあった。玄関の間から奥に入ると60畳の広間②がある。

広間から左手に折れ曲がった廊下を進めば30畳の大書院《おおじょいん》③に至る。重要な来客と面会する客間である。藩主が座る上段は28畳もあった。奥には52畳の馬廻番所④、その隣には24畳の家老詰所⑤があり、廊下を経て小玄関⑥や徒目付《かち》番所⑦につながっていた。

大書院からさらに左手に進めば小書院《こじょいん》⑧。手前の部屋が23畳、上段の間のある奥の間が15畳だった。これらがいわゆる表御殿の主要な施設である。

居屋敷の北側と西側は藩主のプライベートゾーンである。時計間⑨、炉間⑩、囲炉間⑪、居間⑫、寝間⑬がつながっている。

風呂屋⑭はから風呂と湯風呂があった。から風呂は、床下の釜で湯を沸かし、浴室に蒸気を充満さ

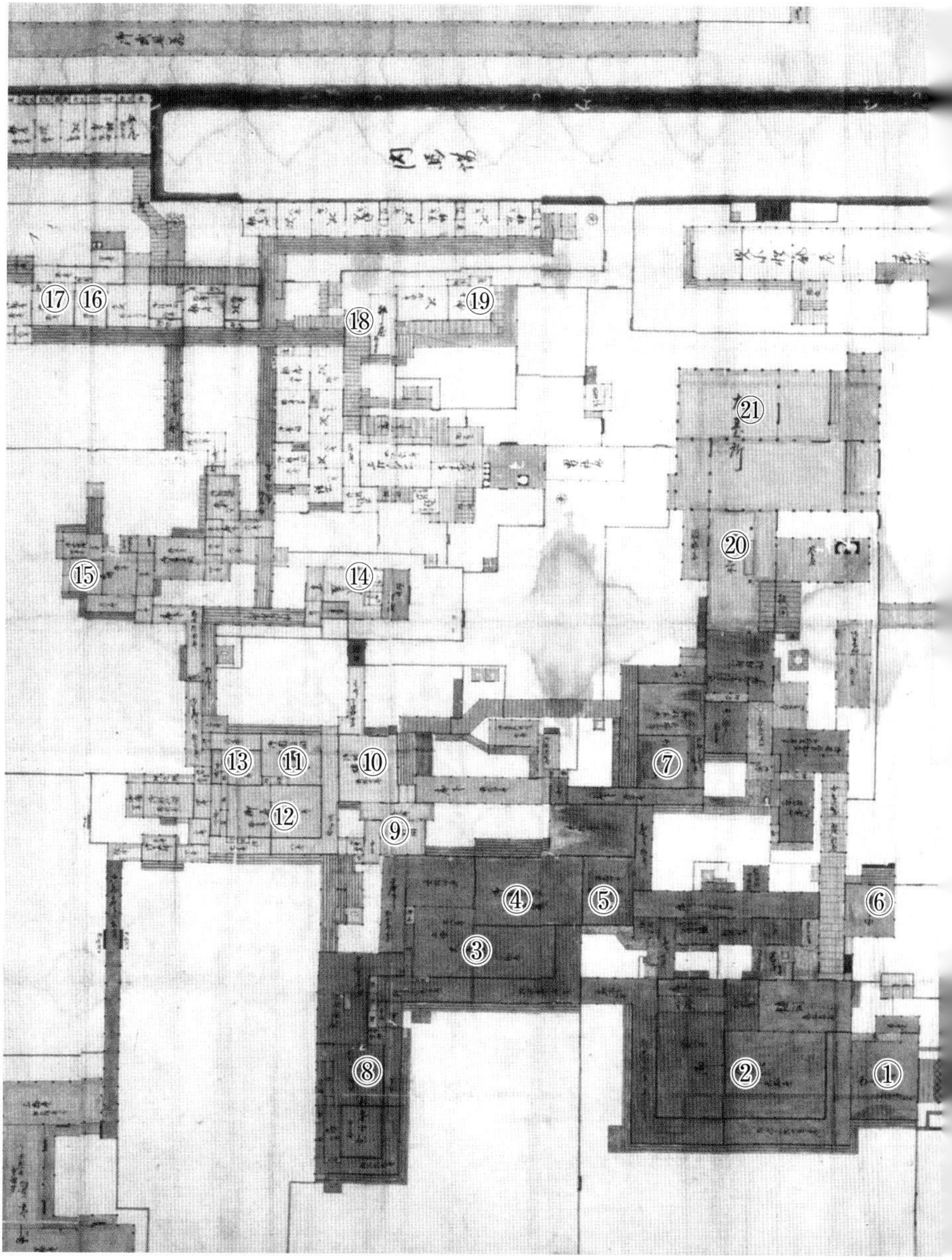

「明石城居屋敷郭御殿平面図」（明石市立文化博物館蔵）。多くの部屋が並ぶ

せるサウナである。

逆に行けば臨水亭⑮と呼ばれた離れ、さらに奥には夫人の居間⑯や寝間⑰、惣湯殿⑱、客座敷⑲、台所⑳も上下があり、外の大台所㉑は巨大だった。

居屋敷の重要性は次第に増し、幕末の「明石家中之図」（個人蔵）などでは居屋敷を「本丸」と記載するほどである。


明石藩の家臣で郡代・町奉行などを歴任した鈴木潤之助が残した「明石年中行事」（『明石郷土史料』所収）で広間や大書院、小書院の使われ方が分かる。

たとえば正月。藩主が明石城に滞在している場合は元日六つ時半（午前7時）に一斉に登城。重臣は小書院で藩主から杯を受けた。小書院の手前の部屋に1人ずつ進み、ここから年頭お礼の口上を申し上げ、敷居の外で藩主から注がれる酒を受けた。

それより身分の低い者は大書院や広間に集まり、藩主は大書院の上段に着座。目付3人ずつが前に出て「お流れ頂戴」をする。

2日、藩主は菩提寺の長寿院に参拝。帰りを軽輩の徒たち20人ほどが玄関の間で出迎えた。2日と

▼居屋敷跡の変遷

居屋敷が取り壊された跡地には、明治30（1897）年県立簡易農学校が開校した。大正10（1921）年加古川に移転し、現在の県立農業高校となった。農学校跡地は第1次整備工事で競技場になったが、移転当時はまだ内堀は西・南・東の大半が残っていた。明石公園が同7（1918）年県立公園になった際には記念式場になった。昭和4（1929）年兵庫県に払い下げられ第2次整備工事に着手、大改造され、同6（1931）年野球場が完成、内堀は完全に消滅した。

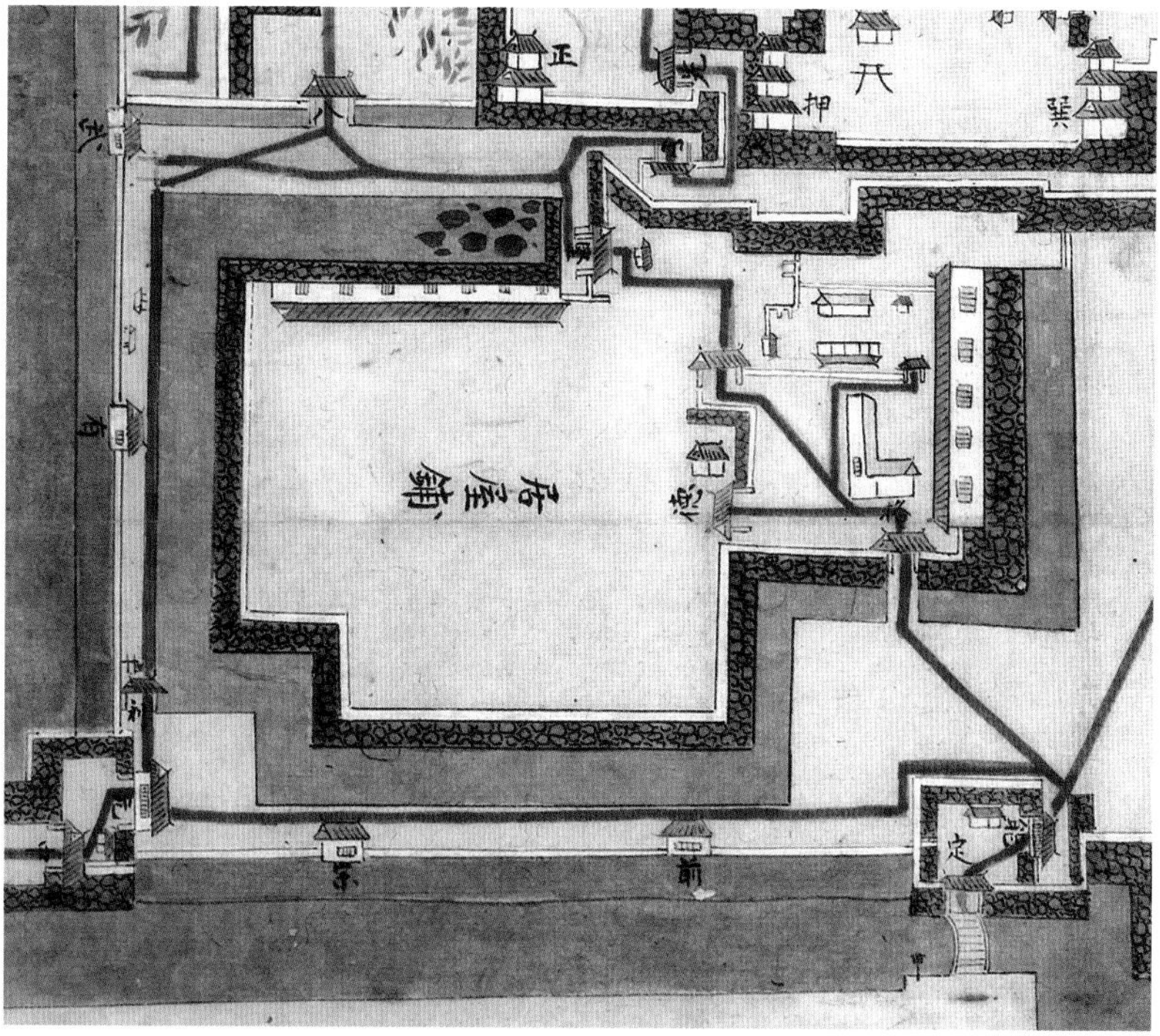

「明石城絵図」（明石市立文化博物館所蔵）に描かれた居屋敷。堀を渡ったところに切手門があった

3日は下級武士の与力、藩船の船頭、16歳以下の子どもの年頭お礼、御謡《うたい》始めもあった。

7日には家督を譲った隠居たちが広間に集合。同じ日、格の高い神職は大書院で、そのほかの神職や町人、大庄屋たちは広間で年頭お礼をした。

正月行事以外では文政5（1822）年、江戸上屋敷が焼失した際に寄進をした家臣に、広間で藩主が対面している。

藩主が参勤交代から戻った時には、居間で家老と対面し、そのあと大書院に馬廻り以上の家臣を集めた。右手に家老、正面の手前に組頭らが座り、馬廻りや医師などは廊下に座った。

鈴木潤之助が書き残した明石藩の作法。この絵図でビジュアルによみがえる。

九　堅固な城下町――町屋で戦闘も視野に？　容易に城に近づけない設計

大坂城防衛のため築城された明石城は、町人居住区域も堅固な防御設計がされていた。「播州明石城図」（国立公文書館蔵）＝左図、154頁＝から、その構造を読み解こう。

写真の下半分、外堀（国道2号の南端から桜町以北）と海に挟まれた部分が町屋で、その中を東に向かう赤い線が西国街道である。

町屋は城と海に挟まれ横に細長い。武家屋敷との間には三つの門があり、西国街道や港に不穏な動きがあれば、すぐに兵を出せる。南北が狭く東西の出口をふさがれると逃げ場がない。

明石川には大軍が簡単に通行できないよう、橋がなく「歩渡」と書かれている。川を渡ると番所。描かれていないが番所の内側に姫路口門があった。

西樽屋町・東樽屋町を通り中町で先が見通せない。遠見遮断である。南へ迂回して進めば南北に細長い5区画の町がある。西本町と東本町で、東進する敵の脇を南北

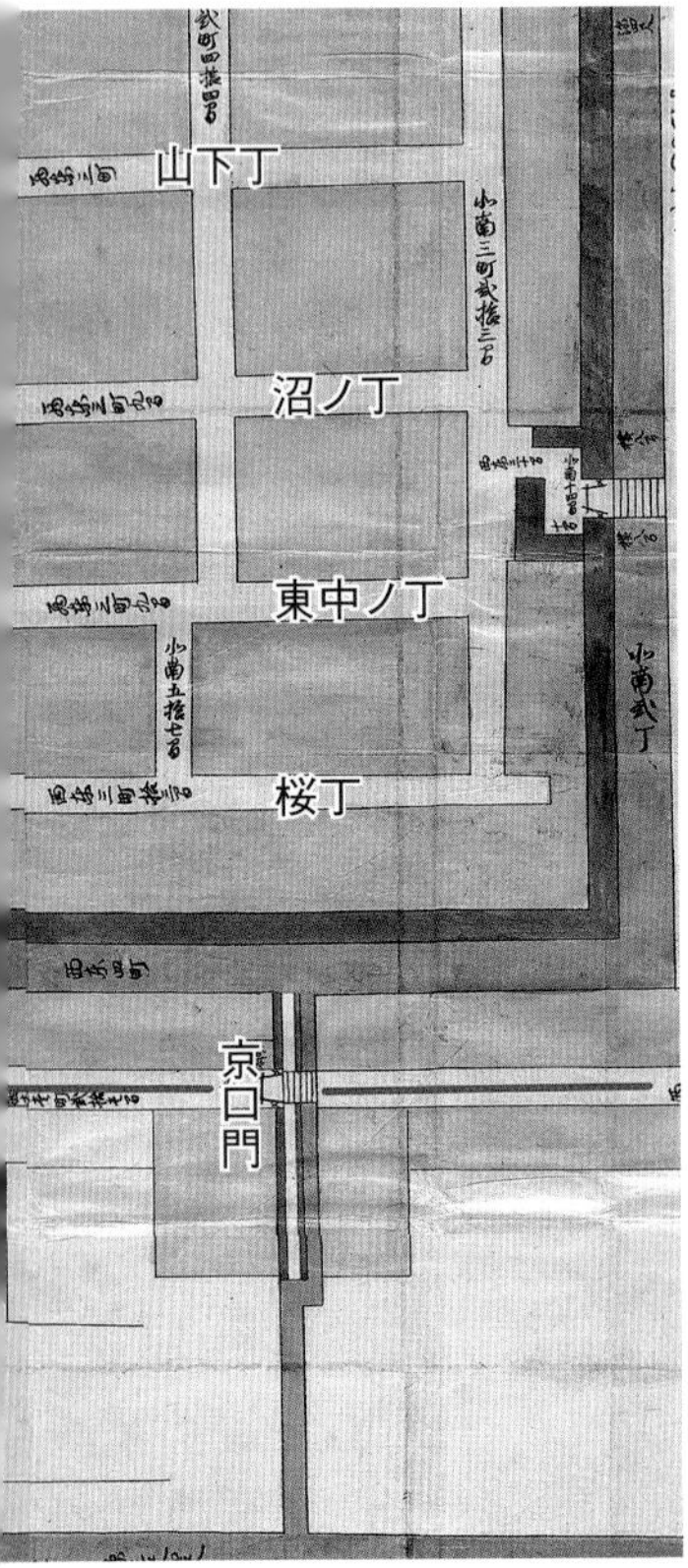

から攻撃できる。

直進すれば丁字路、正面は浜光明寺で明石藩の軍勢が駐留できる。丁字路を直角に2回曲がると番所と京口門に出る。ここには朝顔光明寺があり、やはり明石藩の軍勢が駐留する。通行する軍勢をさまざまな角度から攻撃することが想定されている。

西国街道から武家屋敷への門は西から樽屋門・大手門・細工門だったが、門を通っても城に向かうには曲がらなくてはならない。

ここにも城を守る仕掛けある。

武家屋敷は東西南北の通りで構成される。城正面の中堀に面して、

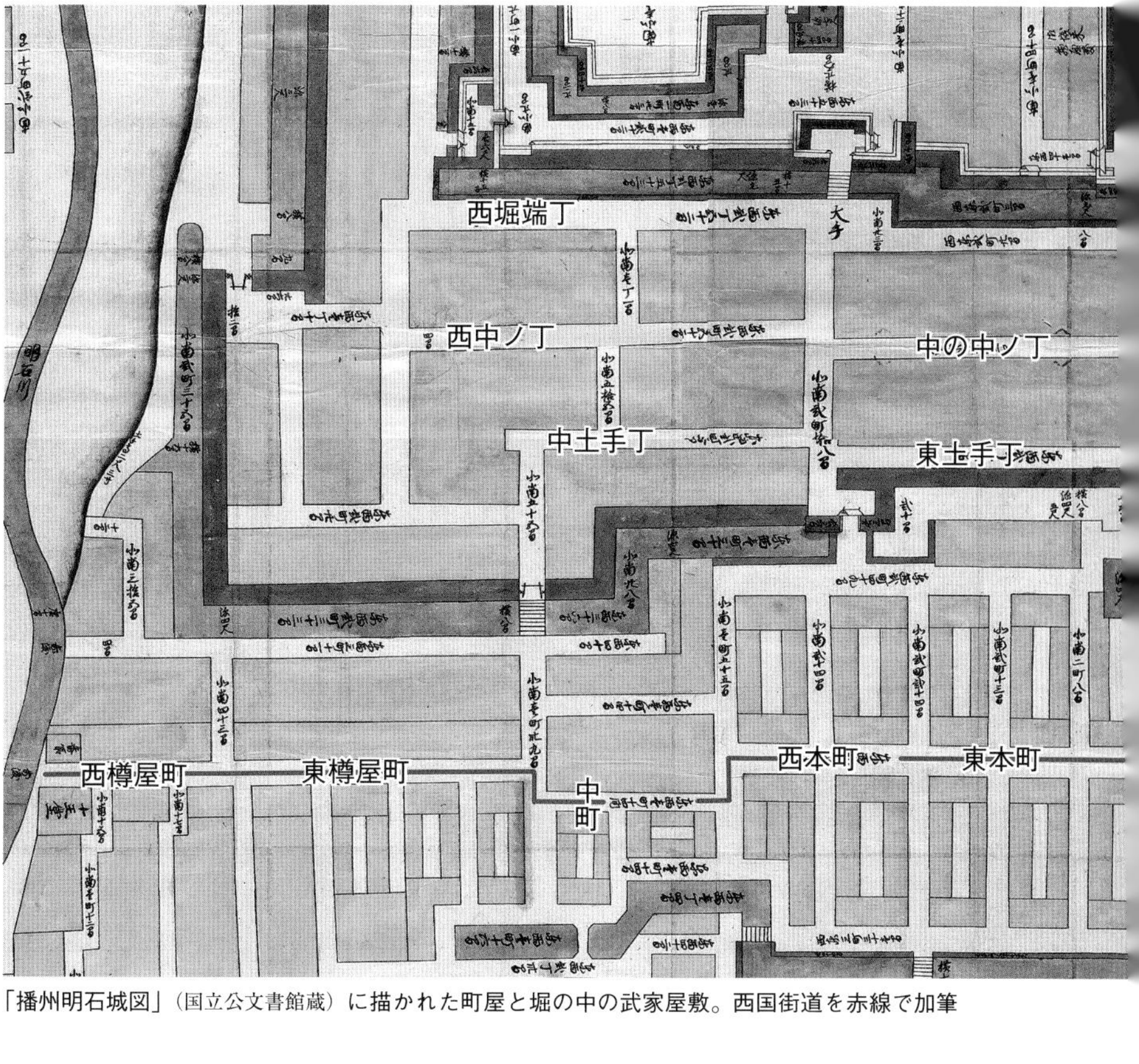

「播州明石城図」（国立公文書館蔵）に描かれた町屋と堀の中の武家屋敷。西国街道を赤線で加筆

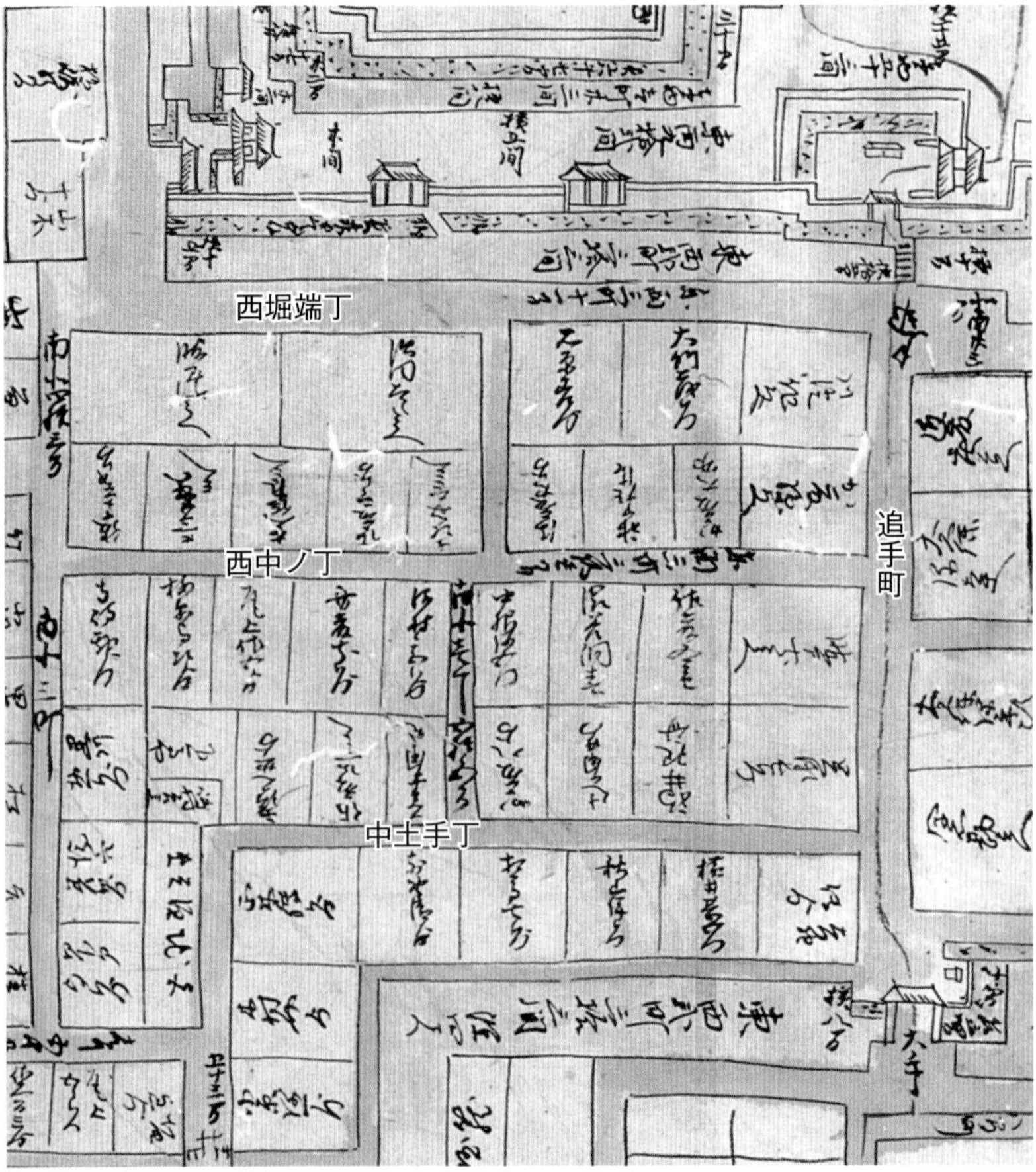

「播州明石城図」（小田原市立図書館蔵）は家臣の住居を一軒ごとに記した最古の明石城下絵図

北から堀端丁・中ノ丁・土手丁と呼んだ。城の東側は、現在の明石市立文化博物館の下に、北から山下丁・沼ノ丁・東中ノ丁・桜丁があった。

中ノ丁の東が東中ノ丁だが、南北通りと交差するところでずれがあり、見通せない。ほかの通りも少しずつずれていて、武家屋敷に遠見遮断が取り入れられている。南北通りは太鼓門から延びる追手町がメイン通り。城の西側には南北に鷹匠丁があった。

小笠原忠政といい松平家といい、徳川家にゆかりの深い明石藩。明治以降はその反動のように武家屋敷は印象が弱い。

山下町・東仲ノ町・桜町・鷹匠町がかろうじて地名を継承するだけだ。

家臣はどのように屋敷を与えられたのだろうか。大久保季任（在職1639〜1649年）時代の「播州明石城図」（小田原市立図書館蔵）＝右図、148頁＝は、家臣の屋敷地が一軒ごとに書き込まれている最古の城下町絵図である。しかも大久保季任が明石藩時代の家臣の禄高を記した記録が、小田原市立図書館に残っていることが分かった。両方の史料を突き合わせると、高禄の重臣は中堀に面した堀端丁と、太鼓門から延びる追手町の両側に集中していた。

一方、30石取り未満の下級家臣は、山下町や東中ノ丁・桜丁・鷹匠丁などに、外堀に張り付くように配置されていた。

身分や禄高に応じて屋敷地もおおむね決められていた。

▼武家屋敷の配置

大久保季任時代以降で、家臣の屋敷配置が判明する絵図は15点ある。「播州明石図」（山形県上山市立図書館蔵）＝156頁、中根忠之氏所蔵の「播州明石図」、「播州明石ノ図」（大分県臼杵市教育委員会蔵）＝158頁＝が慶安2〜延宝7（1649〜1679）年に藩主だった松平忠国・信之時代のもの。天和2（1682）年に松平直明が藩主になった以降のものは多く、文久3（1863）年「明石町旧全図」（神戸市立中央図書館蔵）などがある。これらを比較すると町割りや個々人の住居の区画はほとんど変更がない。言い換えると、大久保時代に確立した屋敷割りが200年以上も踏襲されたのである。

十　繁栄する町屋と社寺
——明石川越え町場西伸　大蔵谷宿とも一体化

山口県の萩を本拠にした毛利藩主が、参勤交代で江戸へ上り下りする際に見た風景。その行程を、藩の絵図方有馬喜惣太（1709〜1769年）らが実際に歩いて描いた「行程記」（山口県文書館蔵）に明石城と町屋の景観が収められている。

明石川の西に南北の町屋が広がるが、これは西新町＝139頁の図＝である。明石城が作られたころは町場がなく、慶安年間（1648〜1652）王子村の古着商大坂屋善太夫が77戸の商家を築いたのが始まり。義弟の六兵衛が後を継いで、町づくりを続けたといい、王子新屋敷とも呼ばれた。

松平光重（在職1634〜1639年）が王子村に移り住んだ善太夫の宅地を免税としたのを継承し、天和2（1682）年に藩主になった松平直明が東新町とともに町場に取り立てたという。

明石川の支流に架かった石橋を渡ると明石川。「川幅四十間（約73メートル）陸渡り」とある。しかし平和な時代が続き、物流が増えると不便さがクローズアップ。やがて冬だけ仮橋が架けられ

「行程記」（山口県文書館蔵）に描かれた城下町

（「播磨国明石図」聖心女子大学図書館蔵）、天保15（1844）年に大歓（のち大観）橋と名付けられた。

文久3（1863）年以降の「明石城下図」（浄行寺蔵）など幕末の絵図には橋が描かれている。絵図の時代推定の根拠の一つである。

明石川を渡れば、「播州明石城図」（国立公文書館蔵）には描かれていない惣門（姫路口門）や寺院が多く描かれている。

東の京口門を守るために朝顔光明寺と浜光明寺が配置されたように、姫路口門や明石港を守るために、戒光院・無量光寺・龍谷寺が設けられた。なお表記は海光院・了光寺・了国寺と当て字になっている。文字を書いた絵師に土地勘がなかったのだろう。西樽屋町・東樽屋町・中町の町名は正しく記入されている。東樽屋町は宿駅が置かれ、姫路から9里、西宮より10里と距離が記載されている。北へ向かうと樽屋門が描かれ、番所がある。門の中の武家屋敷は描かれておらず、遠見に城内の櫓を描いている。

中町を過ぎたところに「右大坂、左姫路道と有り」と書かれた棒杭（道標）、さらに進めば、高札があり城下町から加古川までと兵庫津までの運賃が書かれている。

隣接する大蔵谷＝下図＝も宿場町で、本陣は広瀬治兵衛。大蔵谷宿から兵庫津までの運賃も同額。しかも大蔵谷宿と明石城下は一体となって宿場を運営。通常は隣駅で積み荷を積み替える必要があったが、大蔵谷と明石城下の間では大蔵谷から明石

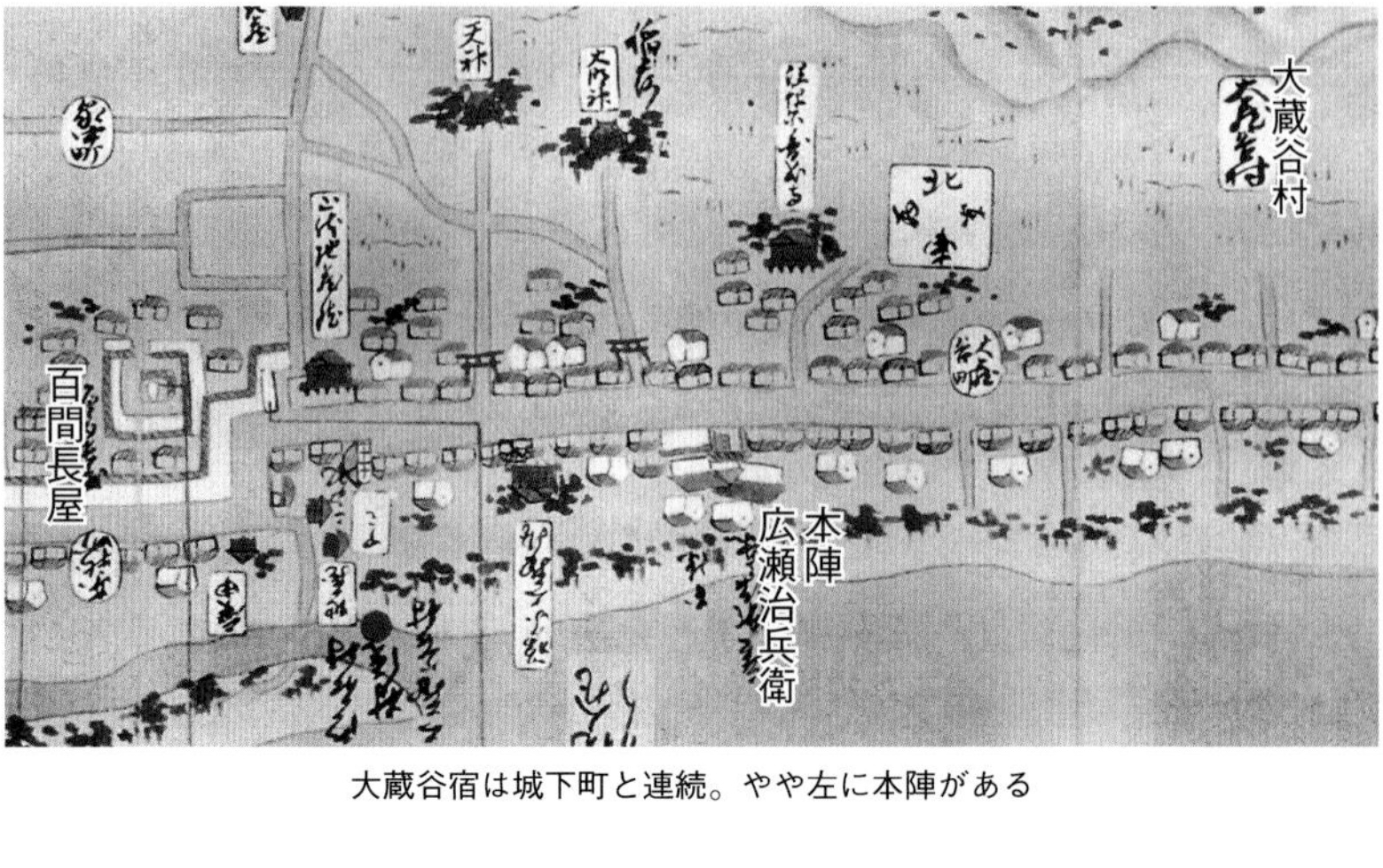

大蔵谷宿は城下町と連続。やや左に本陣がある

を飛ばして加古川へ、また大蔵谷を飛ばして明石から兵庫津へ直行できた。手間を省くためだ。

大蔵谷宿との間の東新町は正保３（１６４６）年に初めて人家が建ち、次第に町場化して城下は連続するようになった。外堀の曲がり角に百間長屋とあるのは「正保城絵図」（国立公文書館蔵）で足軽屋敷があった場所である。

その横、白壁で囲まれているのは源平の戦いで戦死した平忠度の墓で、松平忠国（在職１６４９～１６５９年）が整備した話は有名である。

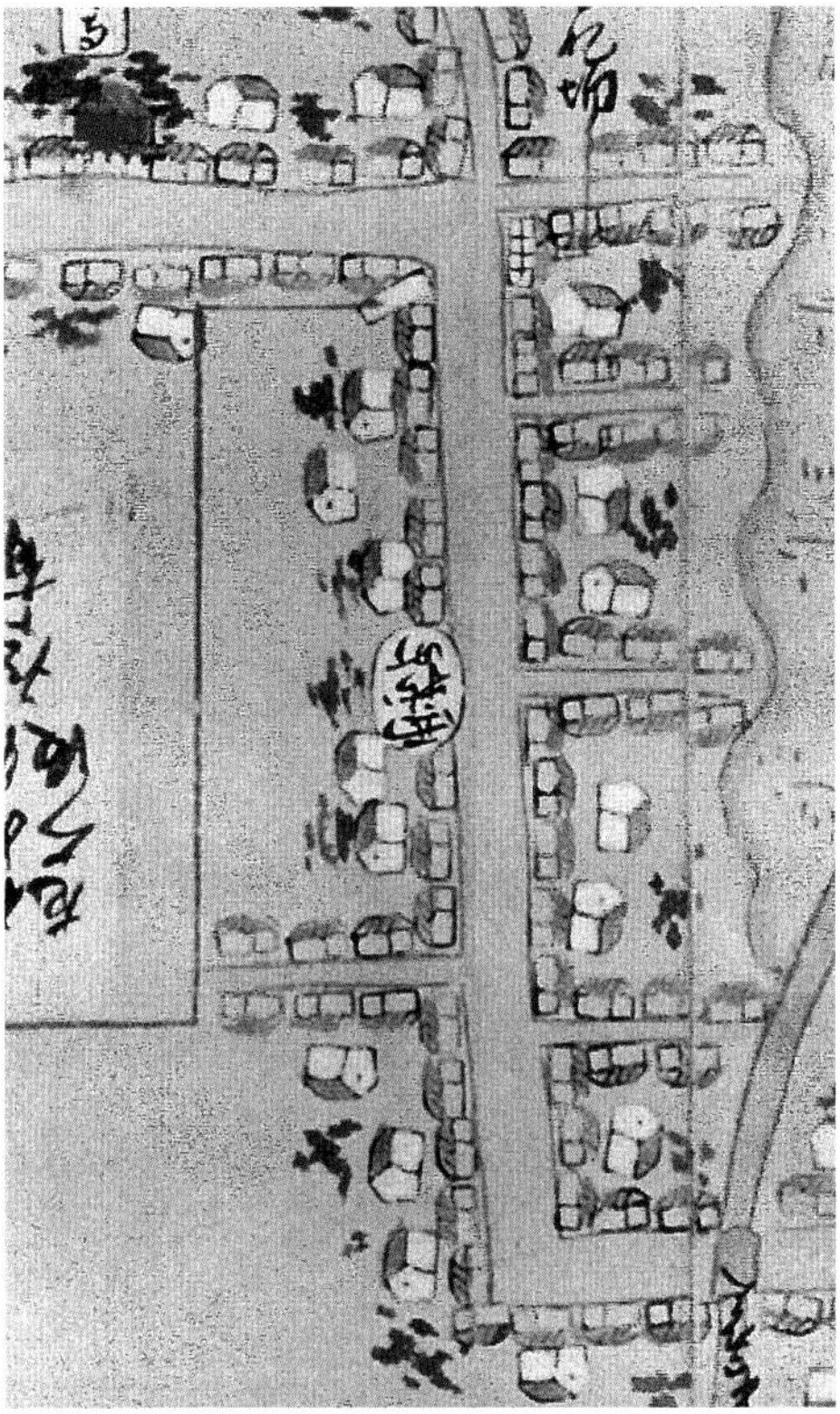
西新町の町並み

▼明石を描いた毛利藩絵師

「行程記」を描いた有馬喜惣太は、毛利藩家老福原家の家臣有馬勝正の次男として生まれた。毛利藩お抱え絵師雲谷家で修業を積み、毛利藩の総合地誌編集事業に従事した。毛利藩には藩主が家督を継いで初入国すると領内を巡回するという慣行があった。寛保２（１７４２）年秋に６代宗広の領内巡行に喜惣太が随行し「御国廻御行程記」を描いた。これに対し、江戸への街道を描いたものが「行程記」である。明石藩主は「松平但馬守」と書かれていて、松平直泰のことで、但馬守だったのは宝暦14（１７６４）年から明和２（１７６５）年に絞られる。

十一　田畑の中の武家屋敷

――鉄道敷転用で近代化　水害対策？微高地に重臣宅

明治4（1871）年7月、明石藩は明石県となるが、その年の11月に姫路県、さらにわずか7日後に飾磨県になった。政治の中心でなくなって12年、土地利用を色分けした明治16年の「播磨国明石郡大明石村全図」（明石市立文化博物館蔵）＝170頁＝が残っている。中堀（現在の外堀）と外堀（南は国道2号の南端と桜町以北）に挟まれた旧武家屋敷は、4色に分かれている。

白色が宅地で街路に面し、宅地背後の茶色が畑、黄色が田、青色が藪・水路である。屋敷地の中は大半が田畑で占められていた。

外堀の外の町屋が明石町と呼ばれたのとは対照的に、武家屋敷町は大明石村に吸収され、すべて「村」扱いだ。

武家屋敷の発掘調査と古地図から、市文化振興課市史編さん担当の宮本博は「武家屋敷は、家老クラスで1000坪前後、ほかの家臣は禄高に関係なく400

坪ほどもあった」と指摘。姫路藩士の倍ほどもあったといい、「廃藩置県後、広大な屋敷地が田畑になったが、それ以前から野菜や果樹を栽培していたのでは」と、江戸時代から耕地が大半を占める自然豊かな武家屋敷を推測する。

しかしこれが幸いした。

明治21（1888）年3月から始まった山陽鉄道（現在のJR）の用地測量と買収は、大半が田畑だったために急ピッチで交渉が進んだ。この年の11月には兵庫—明石間が開通。城造り同様、驚くべきスピードで鉄道がつながった。開通時、明石駅前は一面空地で、原っぱと呼ばれた。

「播磨国明石郡大明石村全図」＝下図＝を見ると、地図に白い帯状の紙が貼ら

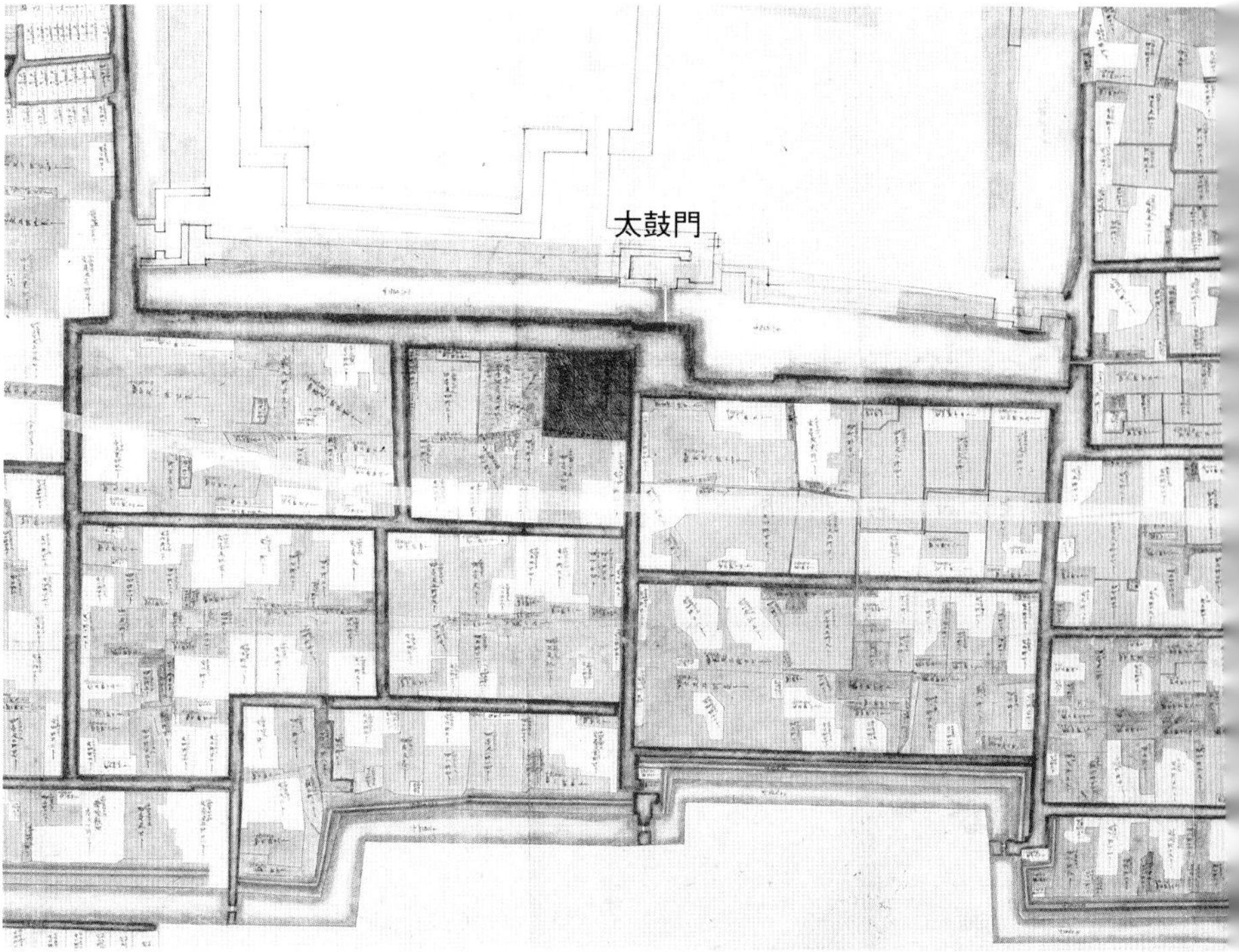

「播磨国明石郡大明石村全図」（明石市立文化博物館蔵）の武家屋敷部分。白い帯が鉄道敷地になった

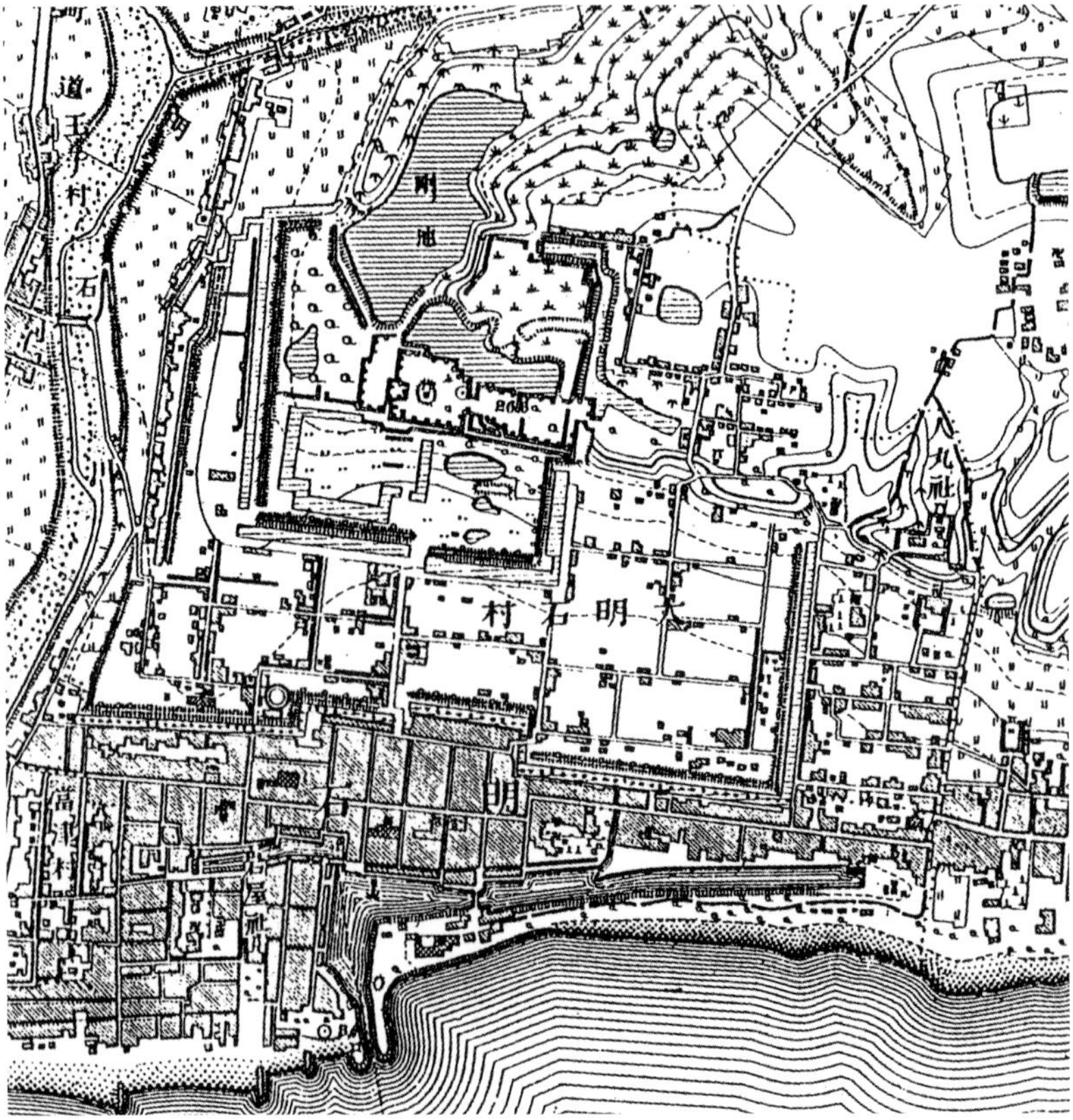

1886年測量の「仮製地形図」（参謀本部陸地測量部作成）。中堀内の武家屋敷は住宅がまばら

れている。鉄路の予定地で、武家屋敷町の真ん中を、宅地を避けながら田畑の上に計画されたことが分かる。

武家屋敷に田畑が広がっていたことは、明治19（1886）年の「仮製地形図」＝上図＝を見ても明らかだ。

「播磨国明石郡大明石村全図」に戻ると、武家屋敷内の耕地には際だった特色がある。太鼓門から南北に走る追手町（現在の明石駅西側の道路）を境に、西は茶色すなわち畑、東は黄色で、田んぼが圧倒的に多いのである。

西側は微高地で水はけがよかったのに対し、東側は上の丸台地からの湧き水もあって、城下町になる前は低湿地だった。現在の山下町と東仲ノ町との間は沼ノ丁と呼ばれたが、沼がそのまま町名になった。

拡大した写真＝左図＝は「播磨国明石郡大明石村全図」のうち、家老で長屋門が現存する織田家の敷地がある区画である。中堀に面した区画左上の白い宅地部分が長屋門、背後に畑地が4反8畝22歩（約48アール）もある。近隣の家も畑地が多い。明治30（1897）年、32年、昭和20（1945）年にも明石は大規模な水害に遭っている。重臣にはより被害の少ない微高地を割り当てたのだろうか。

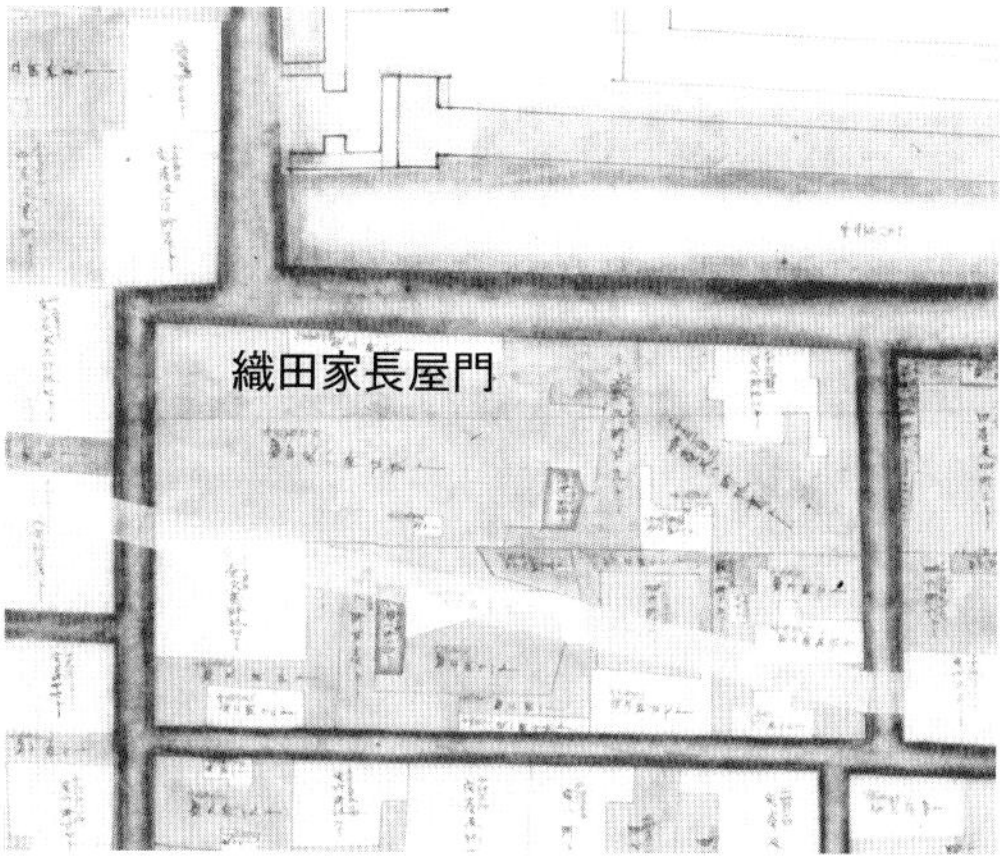

織田家長屋門のある区画

▼維新後の家老・織田家

明石民俗文化財調査団がまとめた『明石の城下町』によると、織田家の敷地は552平方メートル。家は550畳の広さがあったと伝えられ、発掘調査によれば井戸は3基あった。織田家11代の信見は明治7（1874）年山田村（神戸市垂水区）に転居、同22（1889）年には初代垂水村長になった。織田家の古材は、同30（1897）年に城内に創設された兵庫県簡易農学校（現・県立農業高校）に寄付したという。信見は同44（1911）年旧地に本宅を建築して戻った。隣に住んでいた親戚の津田貞太郎は「信見は老いてからも畑仕事をよくしていた」と書き残している。

JR明石駅
明石城と深い縁

130年前の1888（明治21）年、明石駅（明石市大明石町1）は開業した。2019年に築城400年を迎える明石城と同駅の成り立ちには、切っても切れない因縁がある。あす元日から明石版で築城400年連載第2部を始めるのを前に、その因縁をひもといた。

明石駅は1888（明治21）年11月1日、旧山陽鉄道の兵庫―明石間の開通に伴って開業した。

山陽鉄道は、同年1月に設立された民営の鉄道会社。後に三井銀行で経営改革などを成し遂げる実業家、中上川（なかみがわ）彦次郎が初代社長に就いた。寝台急行や食堂車などを国内で初めて導入したことでも知られる。

近代化を急ぐ政府によって1906年に国有化され、社名は消えたが、現在もJR山陽線の路線名に面影を残す。

明石駅が建てられたのは城の内堀のすぐ南側。なぜこの場所が選ばれたのか、経緯を示す資料は残っていない。

当時、駅舎周辺は士族の屋敷などが立ち並ぶ武家町だった。この場所が駅になった背景には、ある理由があった。

「その頃、外堀の内側にあった武家屋敷の多くが空き家や耕地になっていた」

こう教えてくれたのは、明石市立文化博物館の学芸員、加納亜由子さん（37）。

当時の明石城は、1873（明治6）年の「廃城令」を経て、すでに藩庁の機能は失われていた。

このため、城外に移り住んだ士族も多く、空き家や田畑になった武家屋敷が多くあったという。

1883（明治16）年の「播磨国明石郡大明石村全図」では、この頃の武家町に多くの空き家があったことが、色分けされた地図で分かる。線路の敷設予定地の多くがそれらに重なっていたことが示されている。

立地の理由にはもう一つ、交通の要衝としての魅力があった。

東西の西国街道や三木方面に向かう陸路に加え、海路の入り口である明石港も近かった。当時、景勝地として明石城の人気が高まっていたことも後押ししたとみられる。

◆

駅はその後、それまでの国鉄明石駅と、宇治川電気（現・山陽電鉄）の電鉄明石駅が1931（昭和6）年に一体化。高架化して現在の姿になった。

今では、JRの1日平均乗客数が約5万2千人と県内では三ノ宮、神戸に次ぐ3位。関西でも新大阪に次ぐ13位（2016年度）。

16年12月、再開発ビル「パピオスあかし」もオープンし、駅ビルなどと相まって市街地のにぎわいを生んでいる。

一方、明石公園も年間入場者数246万6千人（17年度）。阪神甲子園球場に次ぐ県内2位で、明石駅が近い立地がその数字を押し上げる。

明石駅と明石城は、今も深い縁でつながっている。（小西隆久）

神戸新聞2018年12月31日

明治26年の「明治新撰播磨名所図絵」。明石城の南に明石駅と汽車が描かれている（明石市立文化博物館提供）

昭和10年代の明石駅（明石市提供）

史料

明石城の絵図研究は、島田清、黒田義隆らが着手、木村英昭が代表的な絵図20点を紹介した。さらに宮本博（明石市文化振興課市史編さん担当）によって全国的な調査が行われ、平成28（２０１６）年からは『明石城関連絵図集』３冊に52点を明石葵会から限定版として刊行された。本書５章（新聞連載第３部）は宮本博から画像の提供を受け、調査報告の恩恵を得た。絵図を７種類に分類した筆者の論考も反映させた。ただ新聞連載では紙幅の都合で部分的な掲載にとどまったので、本書を編集するに当たって、連載で使わなかった絵図を追加、主要な15点の全体像を掲載した。またこれまで未公開だった城郭画家、荻原一青の模写した縄張り図を初公開した。

（大国正美）

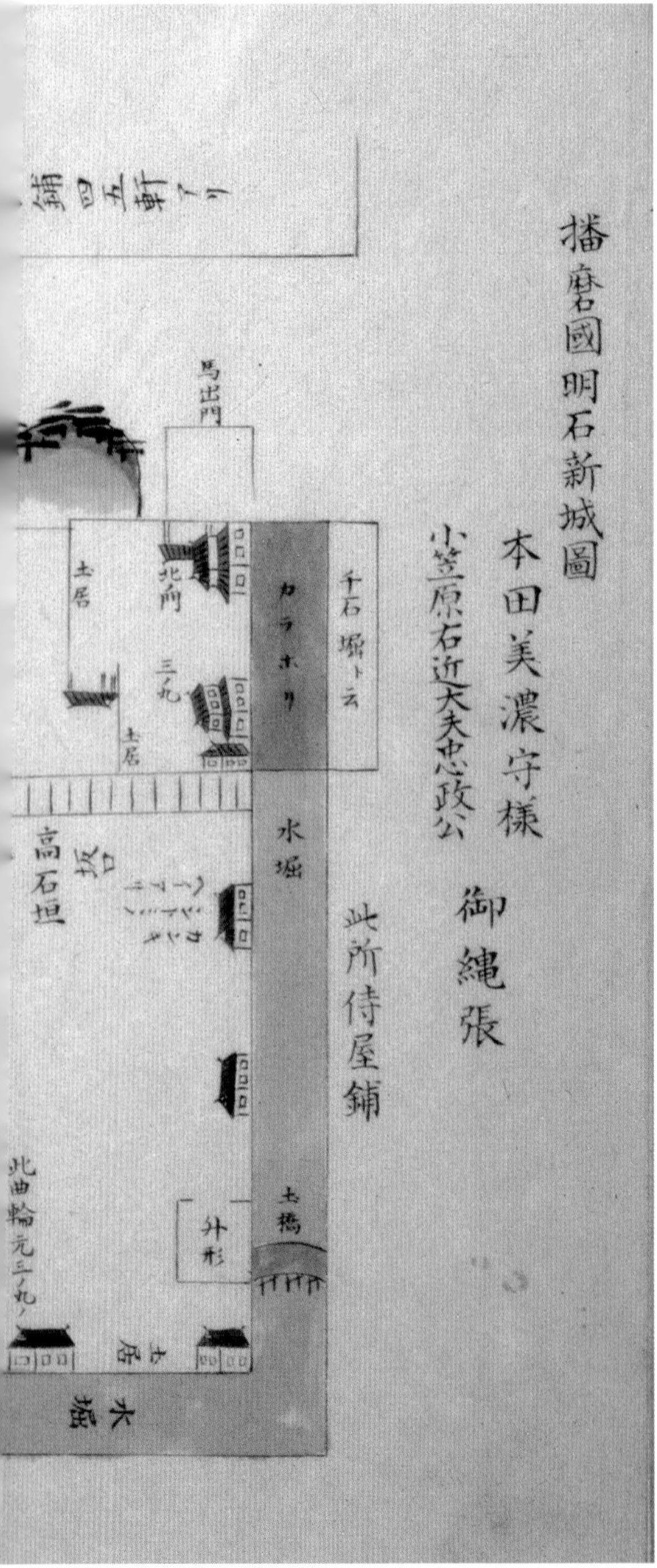

「播磨国明石新城図」

（東京大学史料編纂所蔵謄写本「小笠原忠真一代覚書」所収）

小笠原忠政が築いた明石城を描いた最古級絵図である。「新城図」という表題からこれまで小笠原忠政が築城した間もないころの絵図と言われてきた。しかし、現在の中堀端に「元三の丸」という記載があることから、三ノ丸が現在の東ノ丸に移転した後の絵図で、寛永年間の絵図ではないかと思われる。二ノ丸と三ノ丸の間や中堀が今と違って土居で仕切られ、北と西に「捨曲輪」とあり、明石城が未完成であることもわかる。（101頁、118頁）

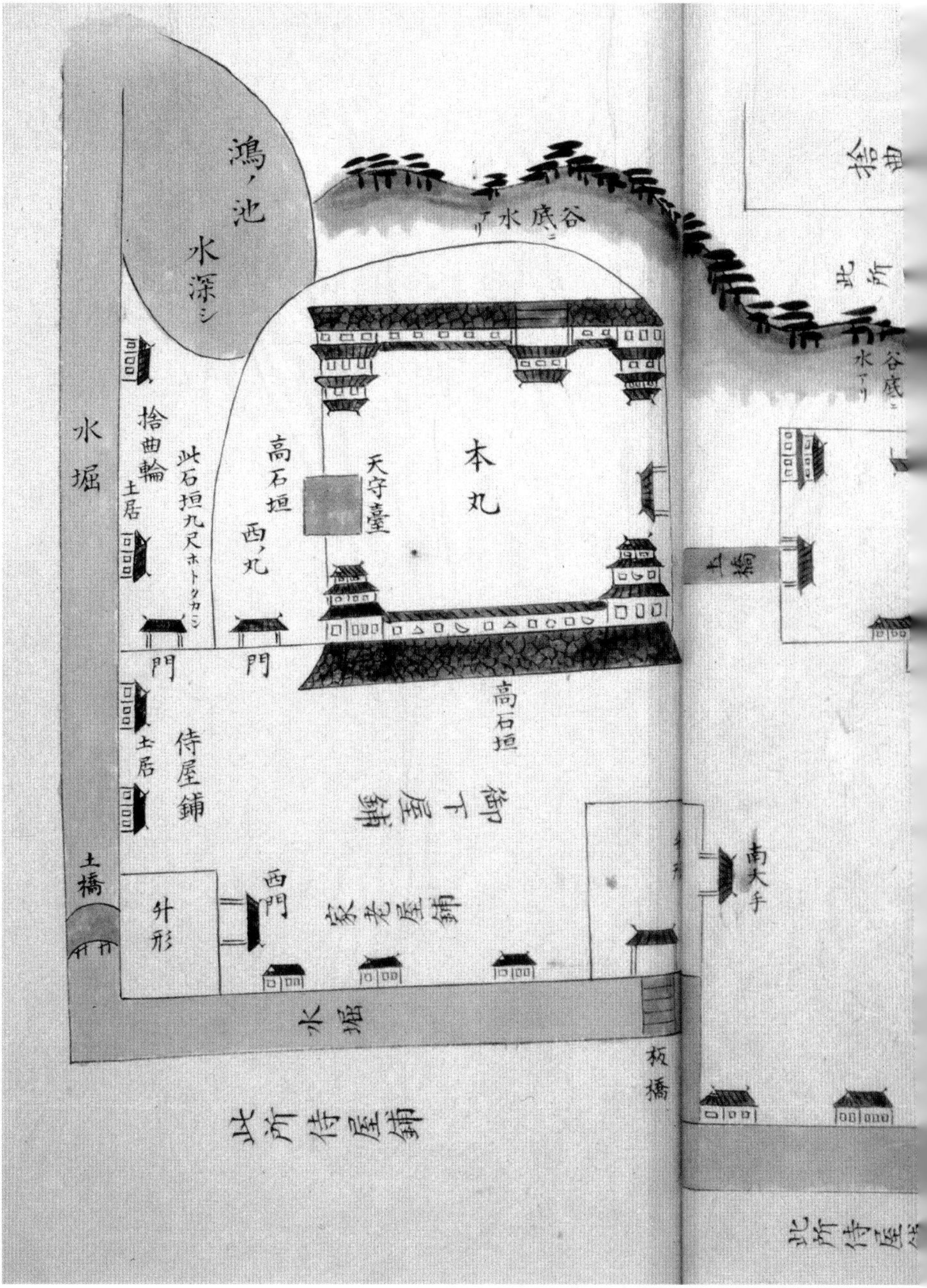
鴻ノ池
水深シ
谷底ニ水アリ
本丸
天守臺
高石垣
西ノ丸
此石垣九尺ホトタカシ
捨曲輪
土居
水堀
門
門
高石垣
侍屋鋪
土居
御下屋鋪
土橋
升形
西門
家老屋鋪
南大手
水堀
板橋
此所侍屋鋪
此所
谷底ニ水アリ

「播州明石城図」（小田原市立図書館蔵）

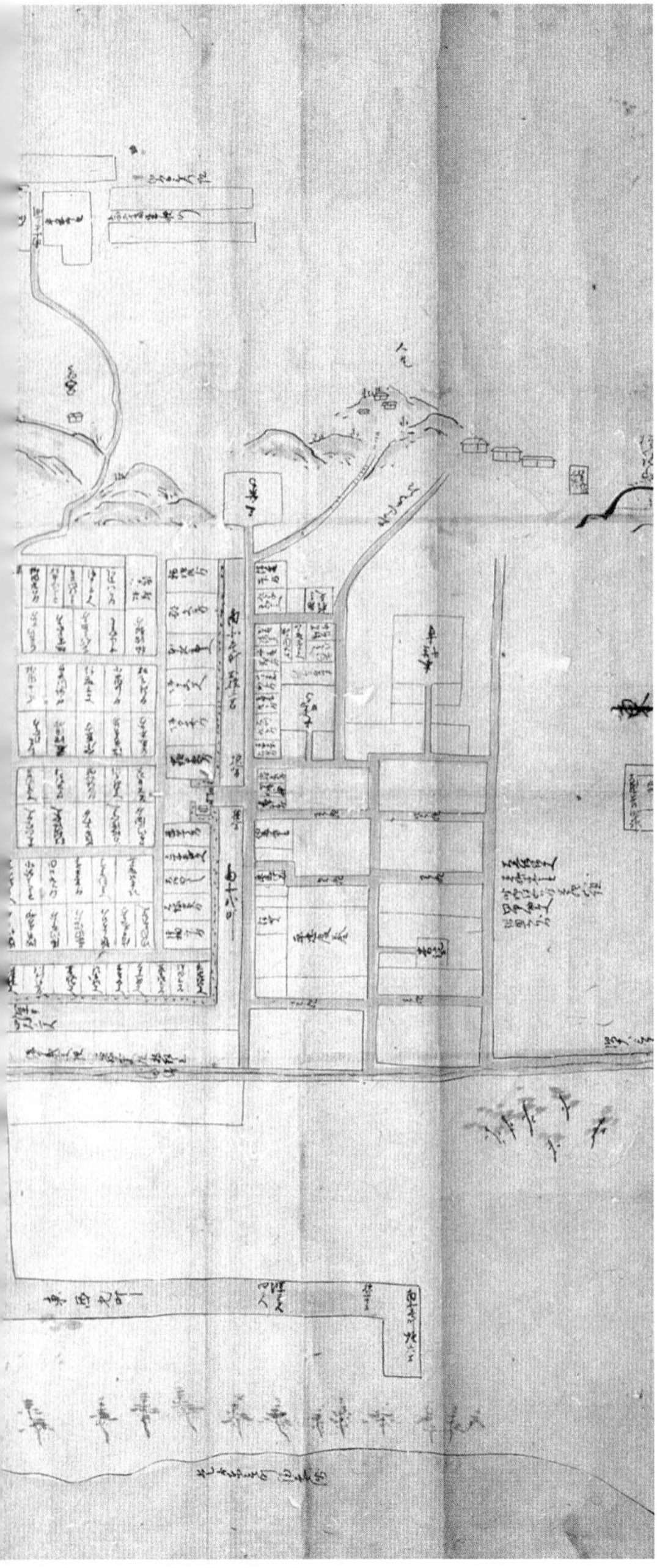

大久保季任が明石藩主だった時代（在職1639～1649年）の絵図で、武家屋敷の居住者の全容が判明する最古の絵図である。中堀の内側に家老級の家臣、中堀の外の堀端に重臣が屋敷を構えていた。東側の山下町や西側の鷹匠町などは中級・下級家臣が居住していた。外堀の外側、海岸までが町人の居住区域で、こちらは道路の区画までしか描かれていない。ただ西の町人区画の南側に中間《ちゅうげん》が多く住んでいたことが記載されている。（114頁、118頁、122頁）

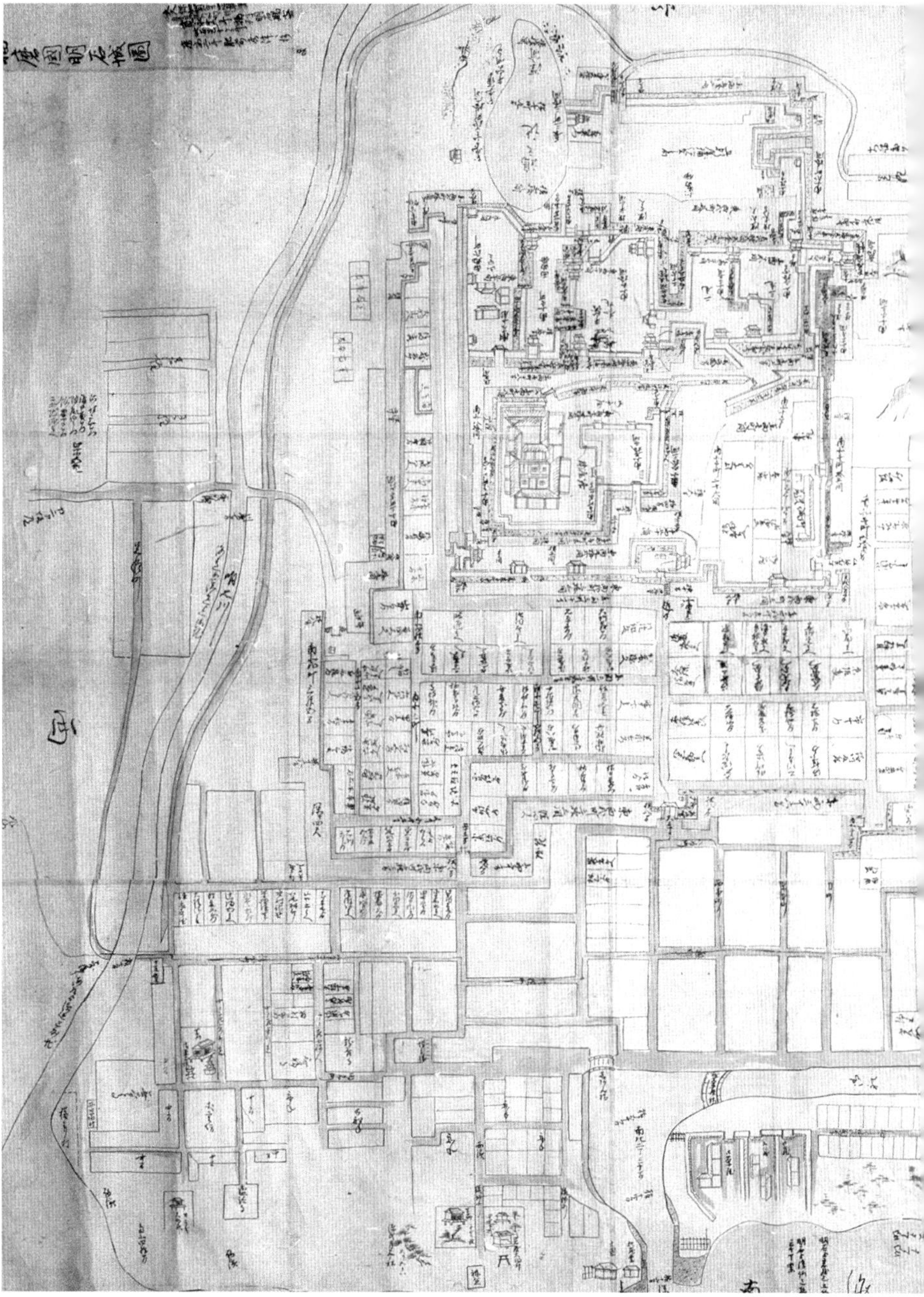

「正保城絵図」（国立公文書館蔵）

大久保季任時代（在職１６３９～１６４９年）に幕府の命で作成された絵図で、北の捨曲輪に堀が造られ整備された。本丸の西、小笠原時代に西ノ丸だった所は西曲輪とある。西の捨曲輪だったところは、小笠原忠政の命を受けた宮本武蔵が、寛永年間に整備し樹木屋敷となった。薄緑色が足軽屋敷、白は寺屋敷で、防御のために配置された。また二ノ丸と三ノ丸の間は石垣に変わっているが、中堀は依然「土手」と書かれている。（91頁、105頁、106頁）

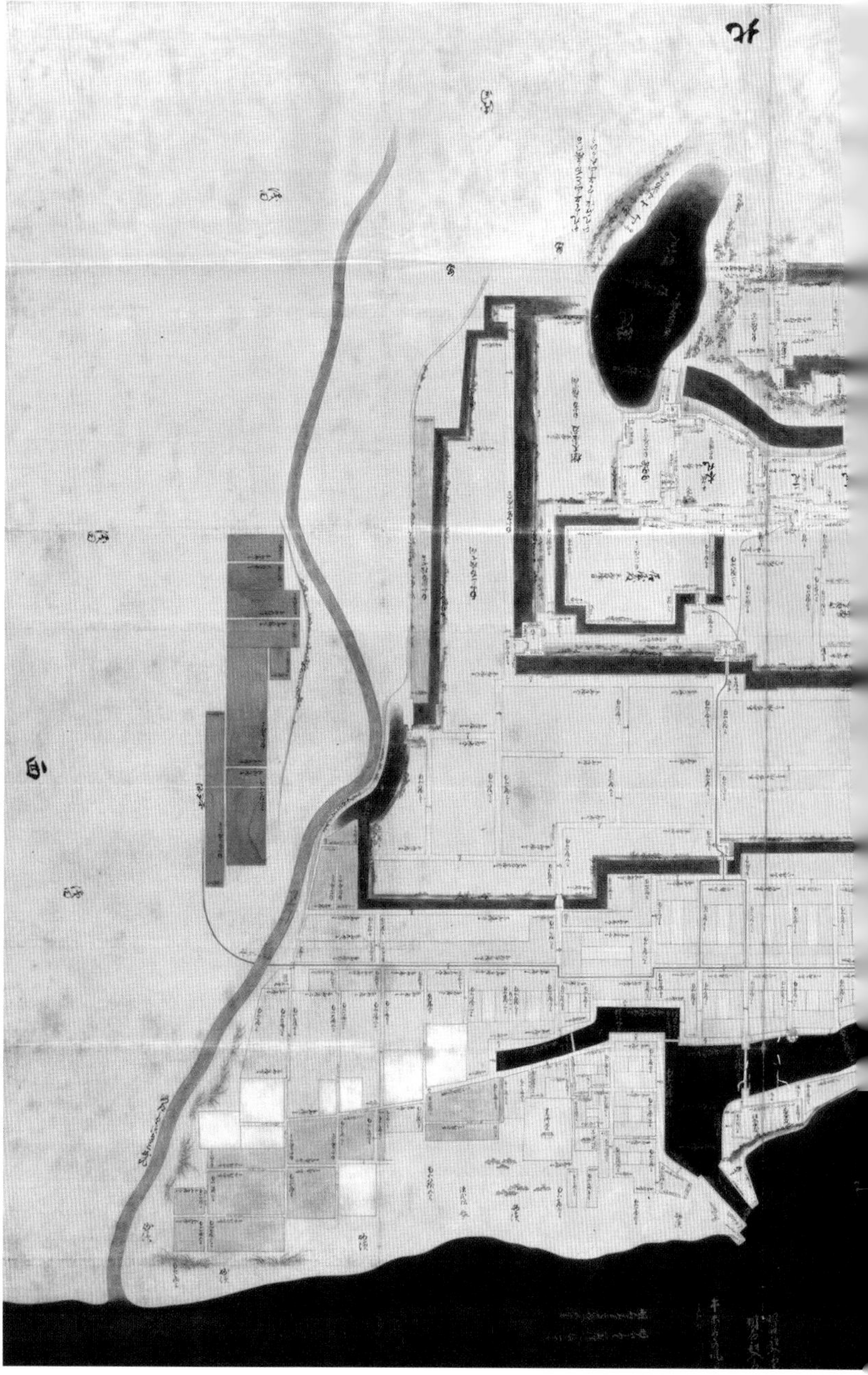

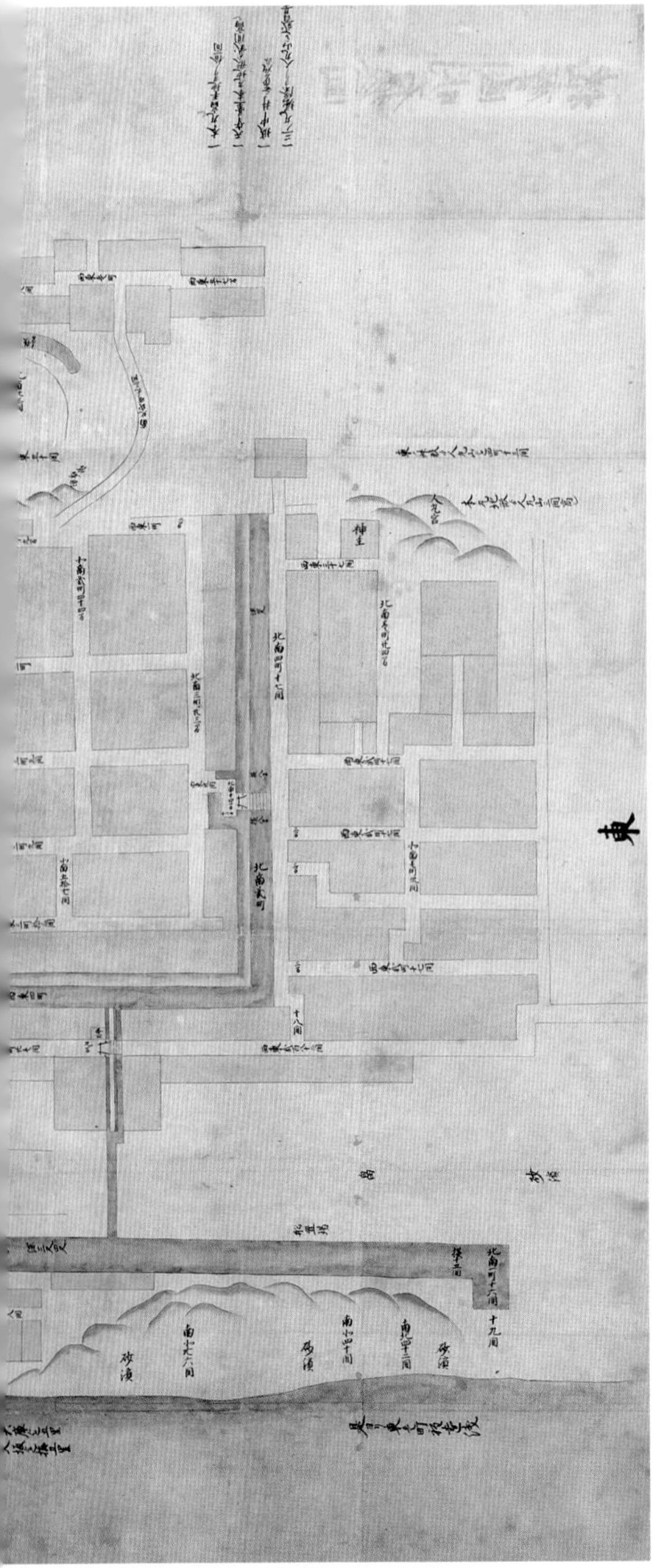

「播磨国明石城図」

（明石市立文化博物館蔵）

本丸や天守台と各郭の規模・石垣の高さなどについて、「正保城絵図」の記載と同じ内容が詳しく記入されている。右上には、本丸と天守台の高さ、井戸が城中にはないこと、三ノ丸から本丸のある人丸山までの距離の四件について記載、また左上には鴻池の北西の平山と本丸の距離の記載がある。しかし「正保城絵図」の侍屋敷・町屋・水手中間屋敷・足軽［　］・寺屋敷という色分けはなくなっている。古書店から平成25年度に購入した。（109頁）

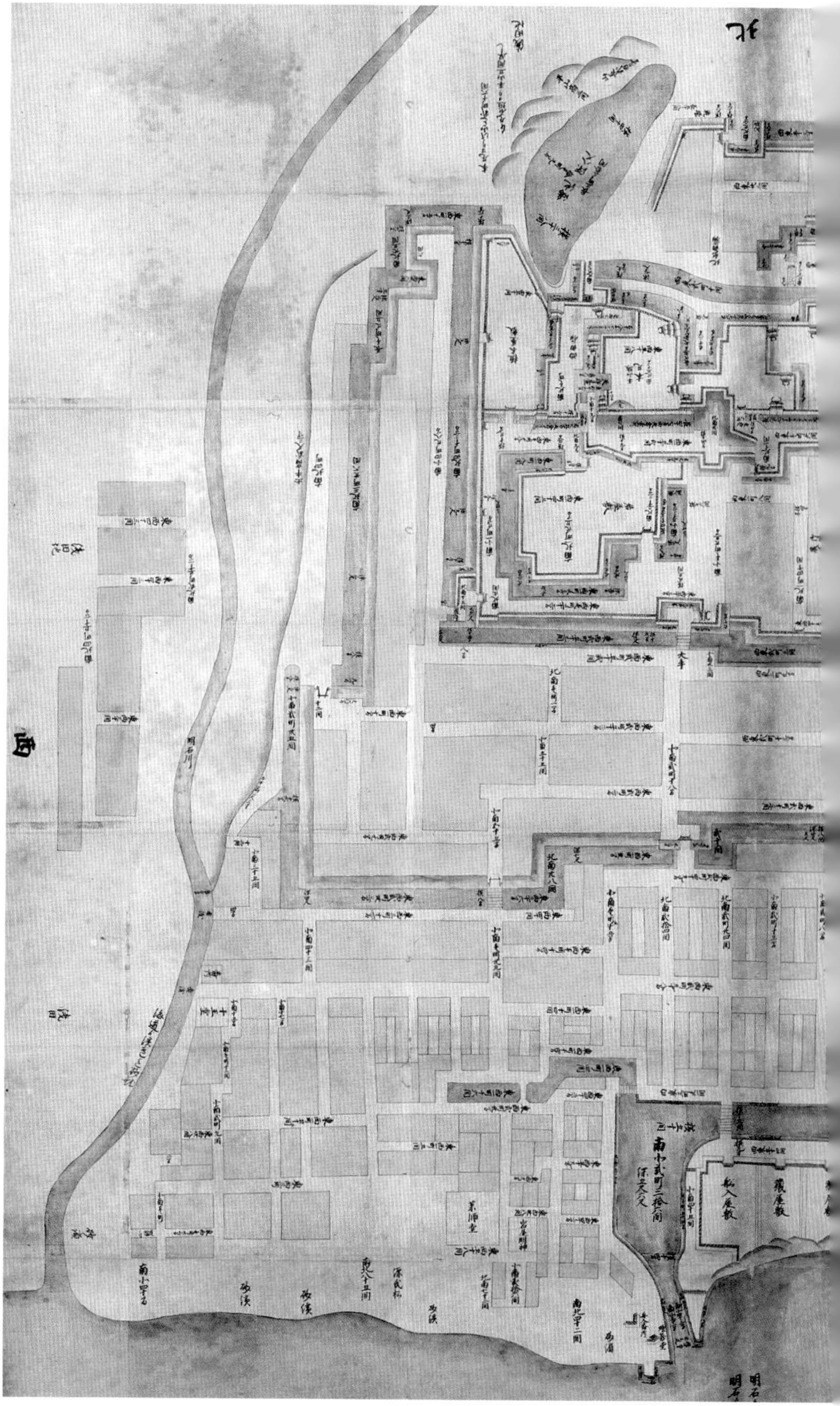
北
西

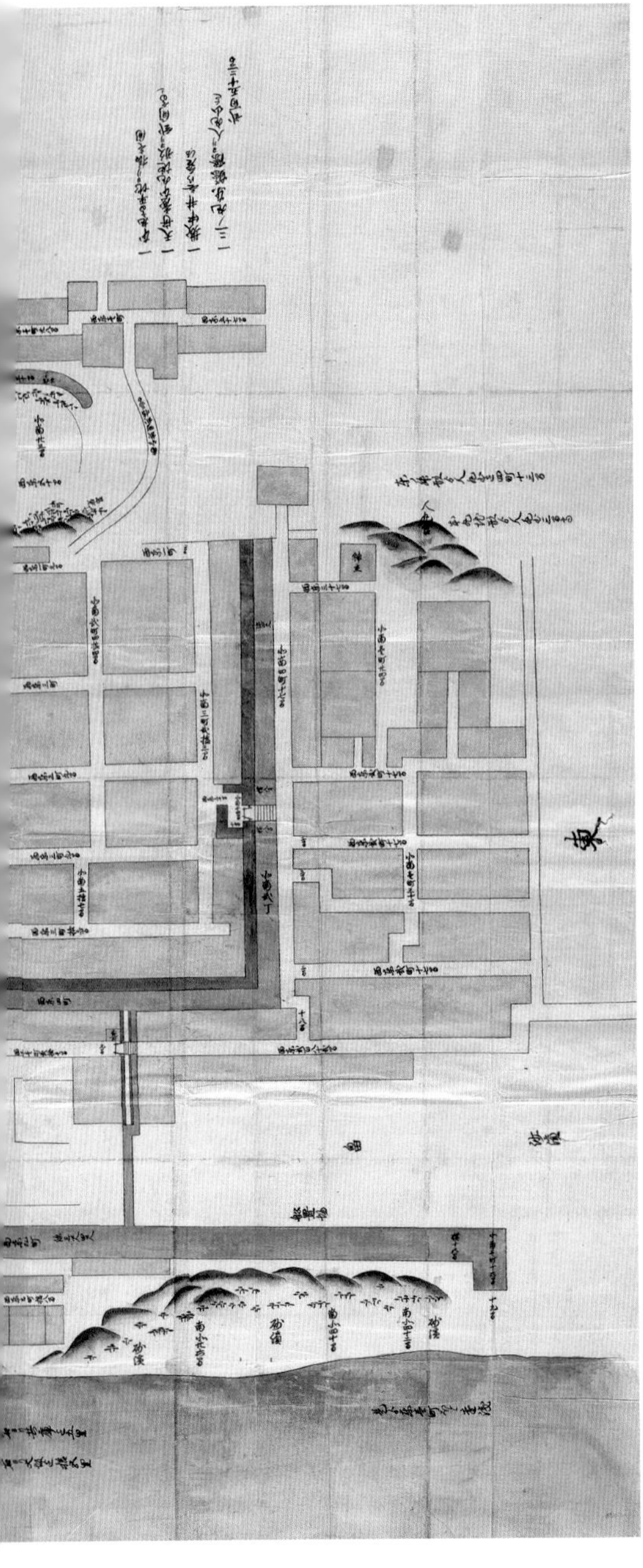

「播州明石城図」（国立公文書館蔵）

美濃国岩村藩の藩主だった松平乗命《のりさと》が明治14（1881）年、明治政府に献上した絵図の1枚で、「明治十四年献本」「大日本帝国図書印」の朱印が押されている。絵図の内容は152頁の「播磨国明石城図」と酷似しており、152頁の絵図同様に「正保城絵図」の系譜を引く絵図である。ただ「正保城絵図」では中堀は門の付近は石垣、そのほかは土手になっていたが、すべて石垣となるなど、時代は少し後のものである。（124頁）

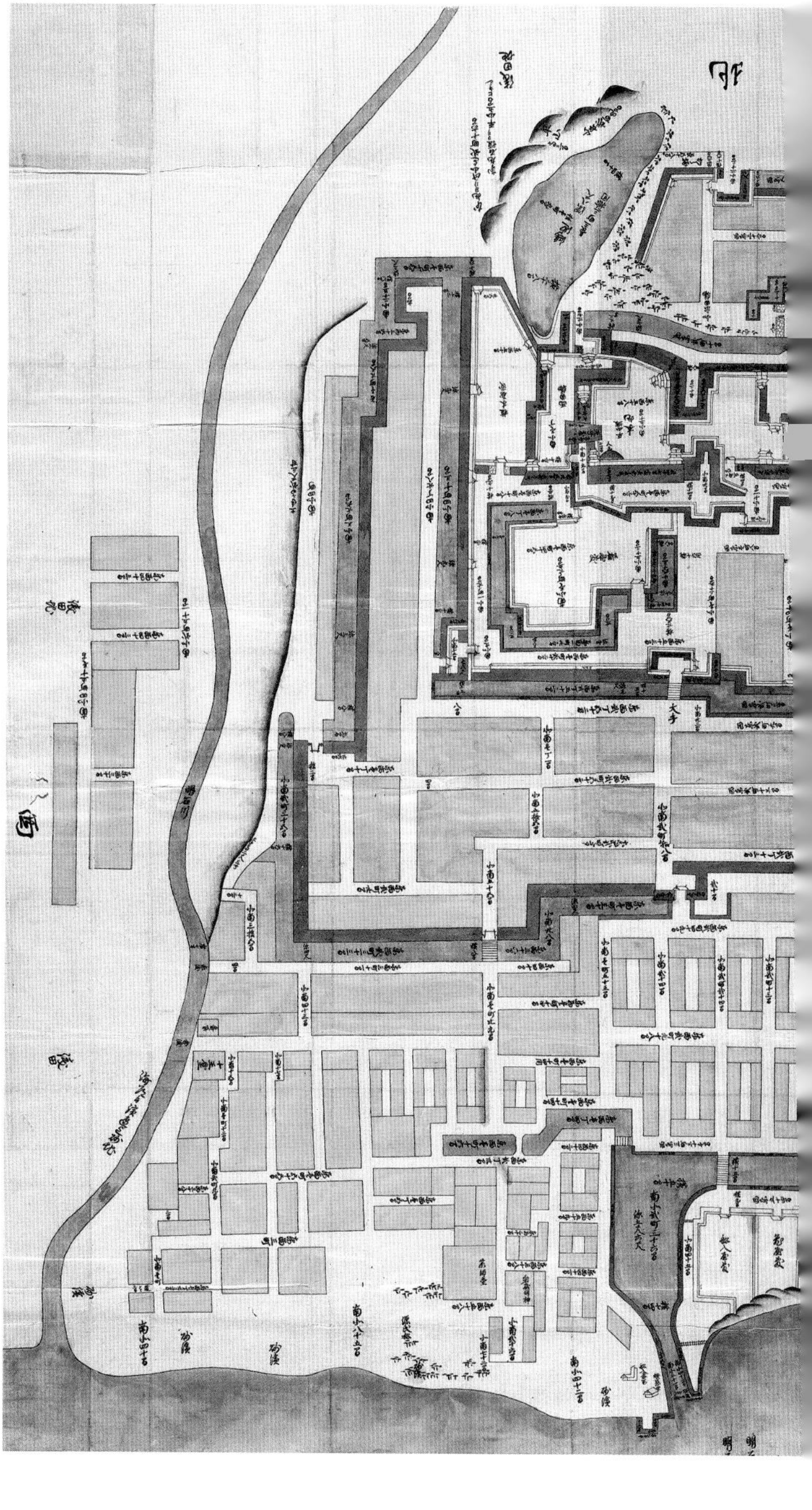

「播州明石図」

（山形県上山《かみのやま》市立図書館蔵）宮本博撮影

慶安2（1649）年から延宝7（1679）年まで、藩主を務めた松平忠国・信之時代の絵図で、家臣の増戸家文書に含まれる。城内は簡単にしか描いていないが居屋敷の門はすでに切手門とあり、居屋敷内に勘定所や土蔵があるのはこの時代の特色。後の追手丁は大手町になってい る。また忠国の時代に明石川の西に王子村の一角に西新町が開発されたといわれるが、絵図には「是ヨリ王子新町」とあって、まだ西新町の地名が生まれていない。

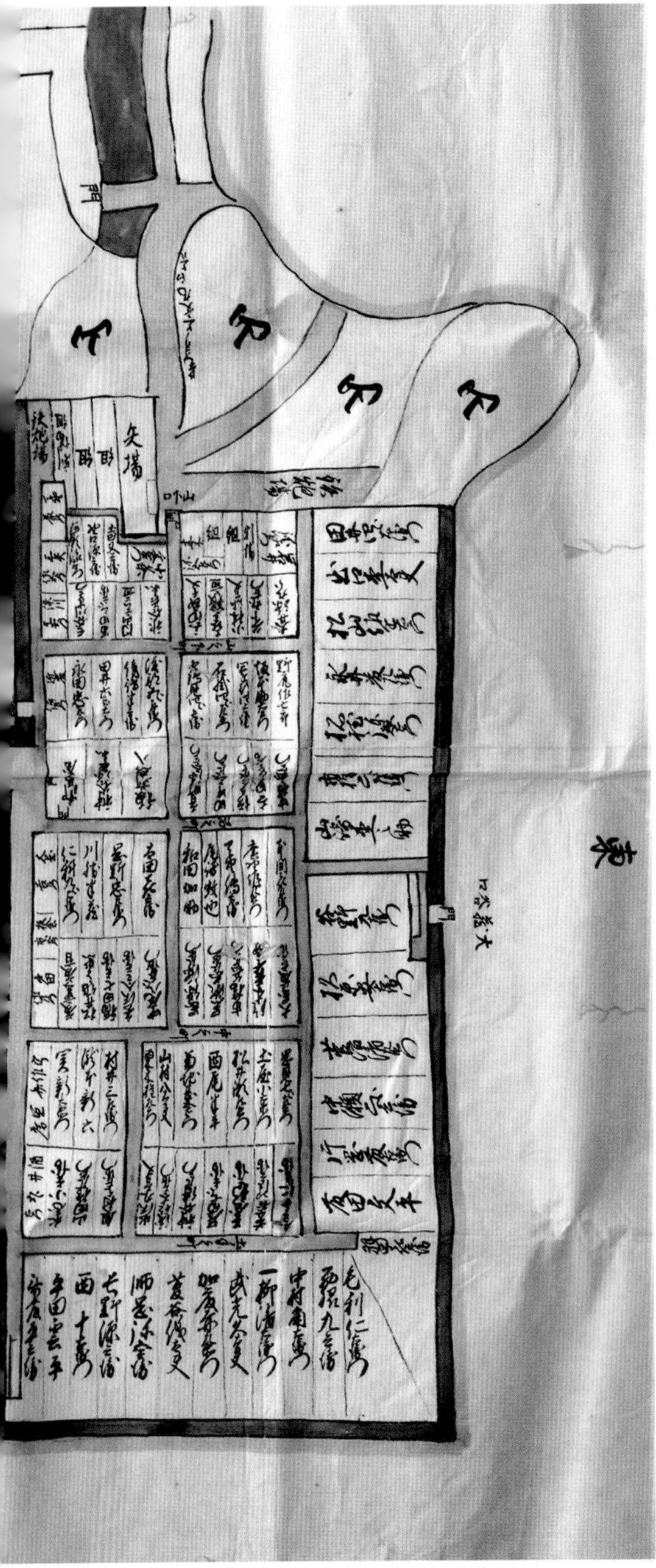

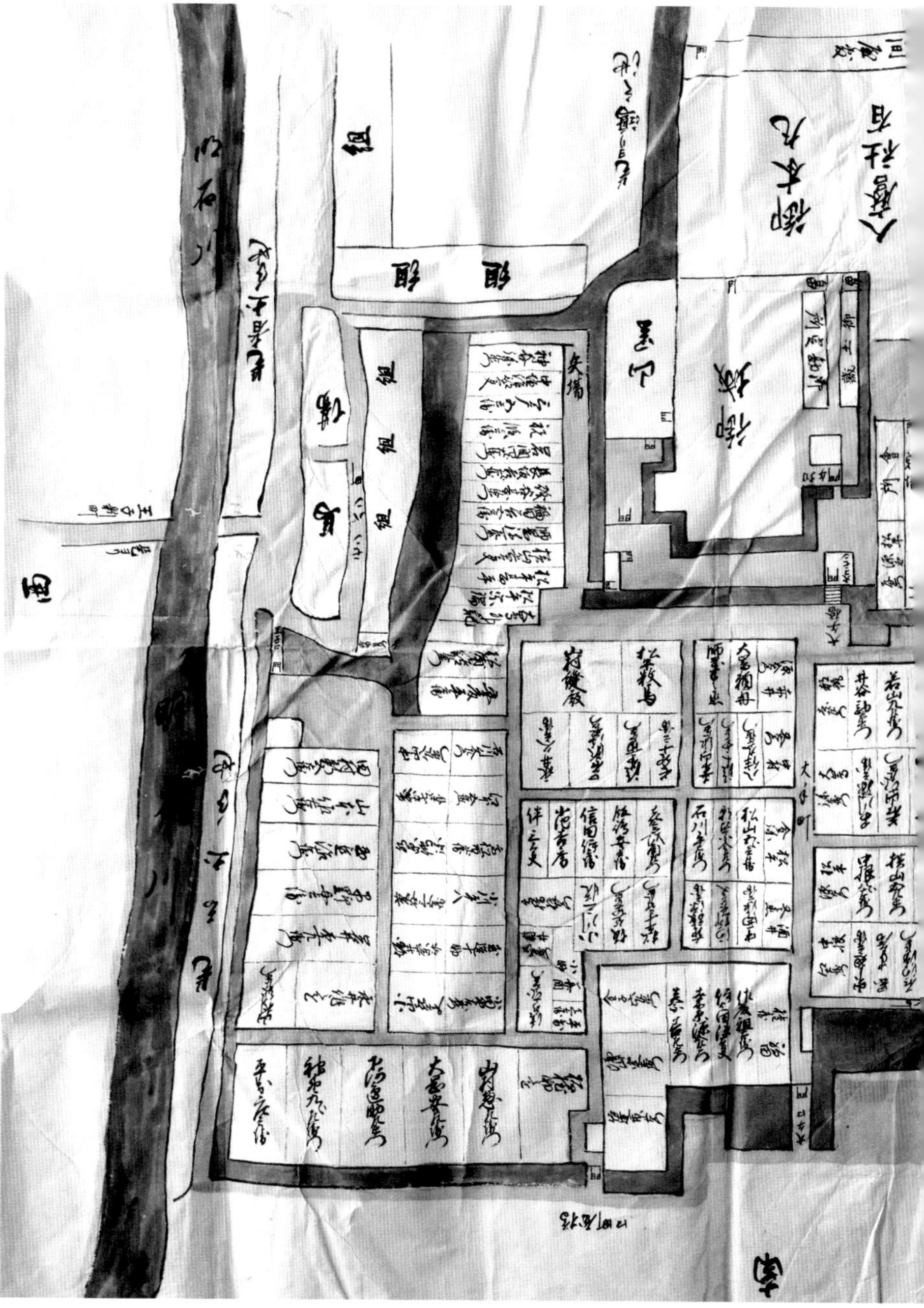

「播州明石ノ図」

（大分県臼杵《うすき》市教育委員会蔵）

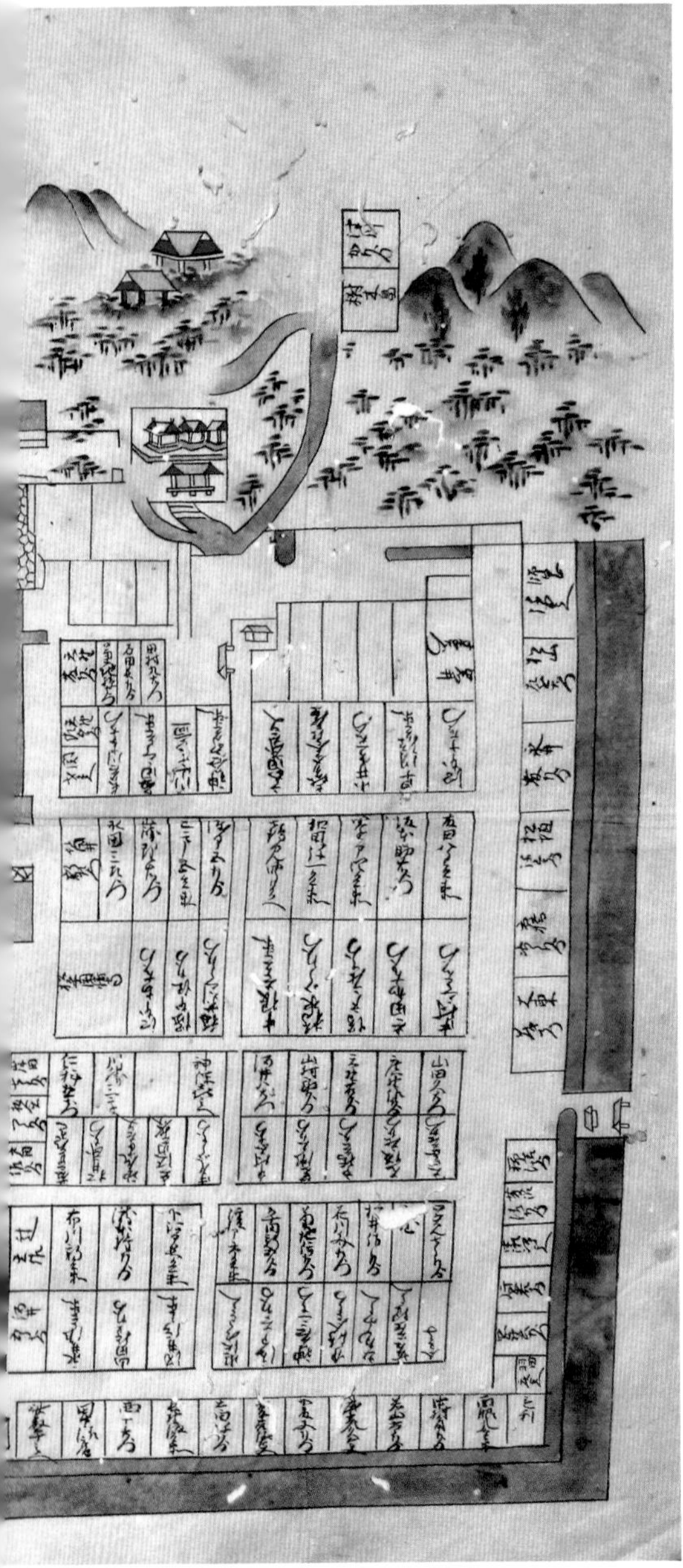

臼杵藩稲葉家が収集した絵図群に含まれ、家臣の名前から松平忠国・信之時代の絵図である。年代がないが稲葉家では延宝２（１６７４）年から同６年にかけて当時の大名居城図を集中的に写しており、松平信之が明石藩主の時代（在職１６５９～１６７９年）の絵図と思われる。右隅に家数の記載があり、城中５、追手より西80、東１２３、惣合２０８とある。中堀の南面が東不明門や西不明門付近は石垣だが、それ以外は土手のままである。

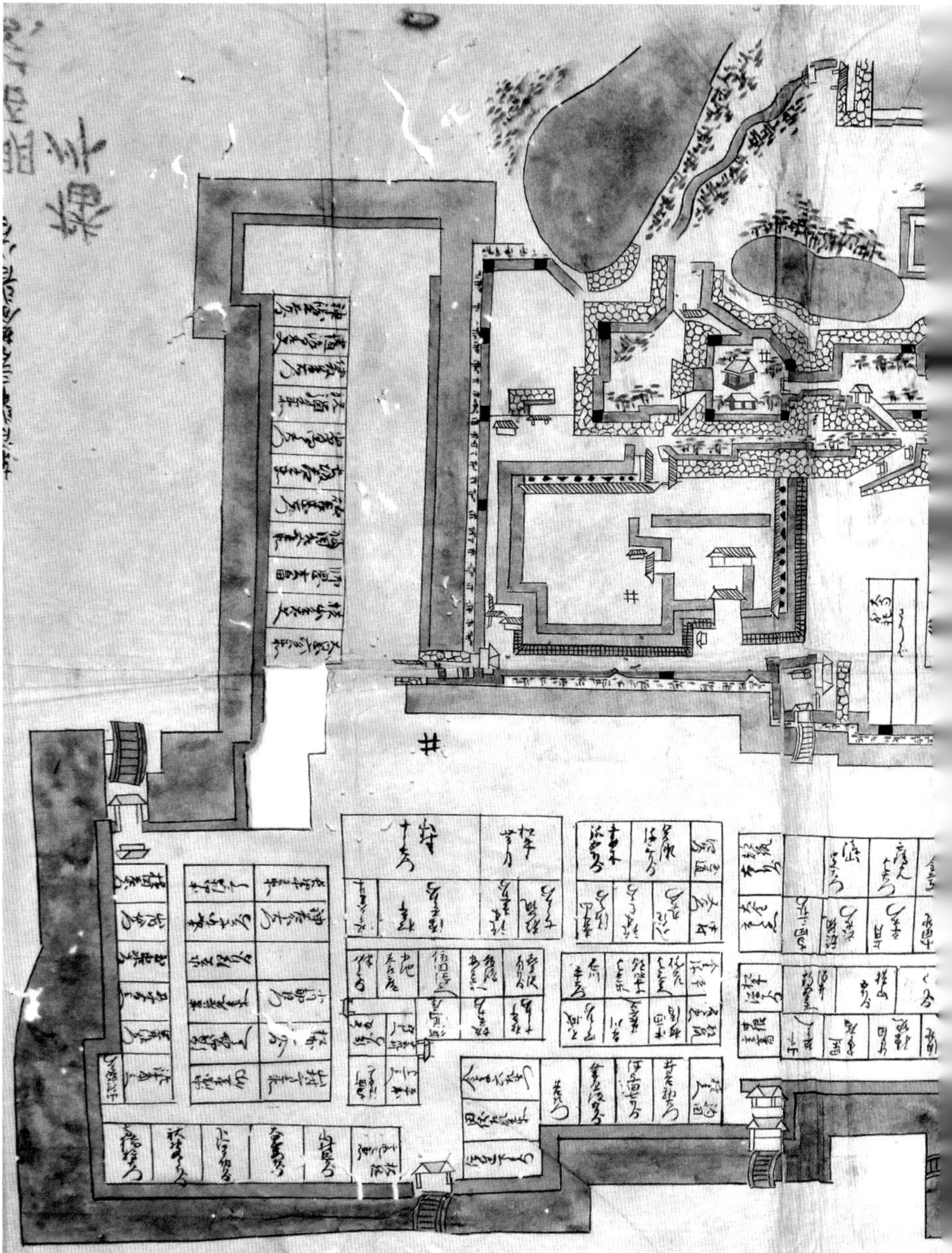

「明石」（広島市立中央図書館蔵）

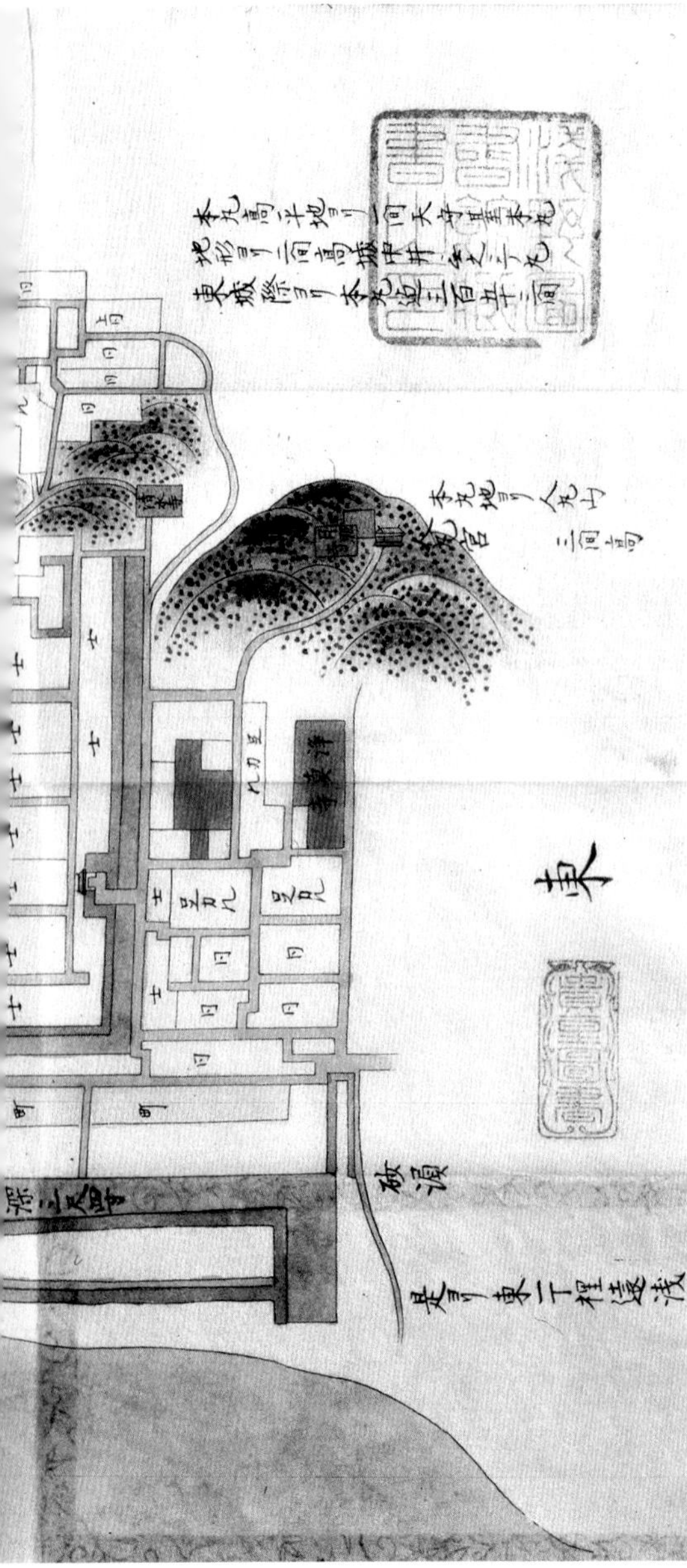

広島藩浅野家に伝わった城絵図集「諸国当城之図」に含まれる絵図である。戦時中浅野家の貴重書約1万点は疎開して原爆から守られた。宮本博は疑問点があるものの、本多政利時代（在職1679～1682年）の絵図ではないかと推測している。城下の居住区分が記載され、家臣団は士・カチ・アシカル・中間に分かれていた。また海岸にレウシ（漁師）丁という記載もあり、漁民が集住していたことも判明する。

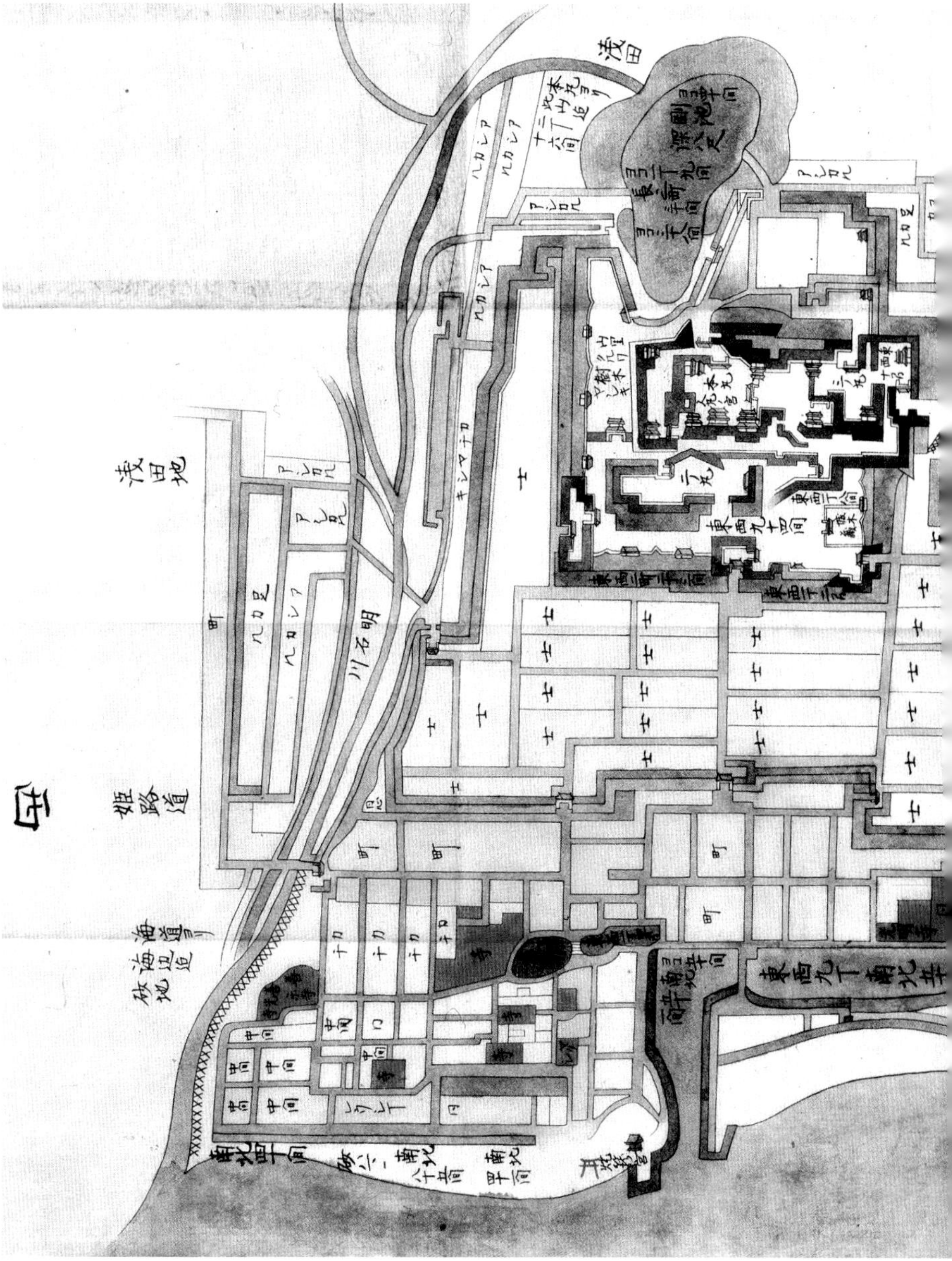

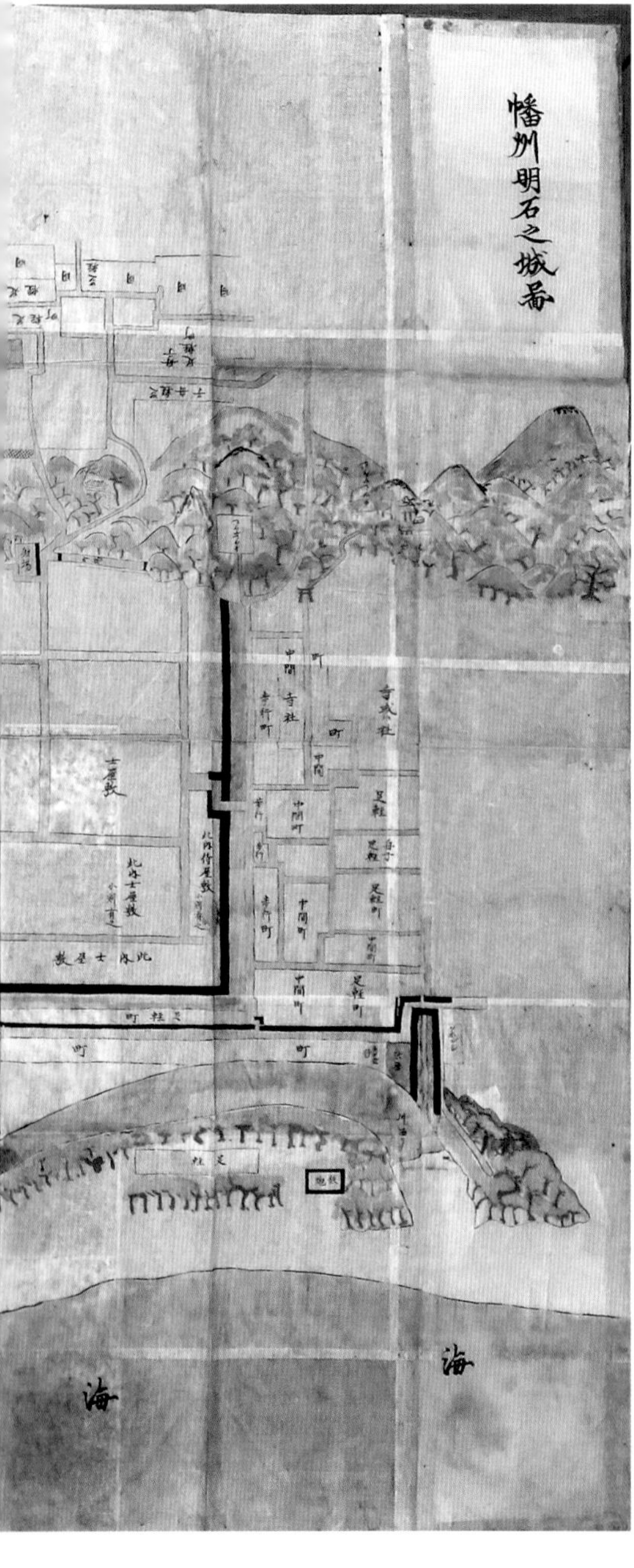

「播州明石之城図」

（兵庫県立歴史博物館蔵）宮本博撮影

宮本博は、１６５９（万治２）年に創られた庚申堂がある一方、１６９１（元禄４）年に移転してくる本松寺がないことから、この間の絵図ではないかと推測している。三重、二重の櫓と天守台が赤く塗られ、外堀の外の足軽と歩行の屋敷の配置が詳しく描かれている。この絵図では明石港の南側にまで足軽屋敷が配置されていることが分かる。また明石川の西に西新町がしっかりとした町並みとして描かれている。

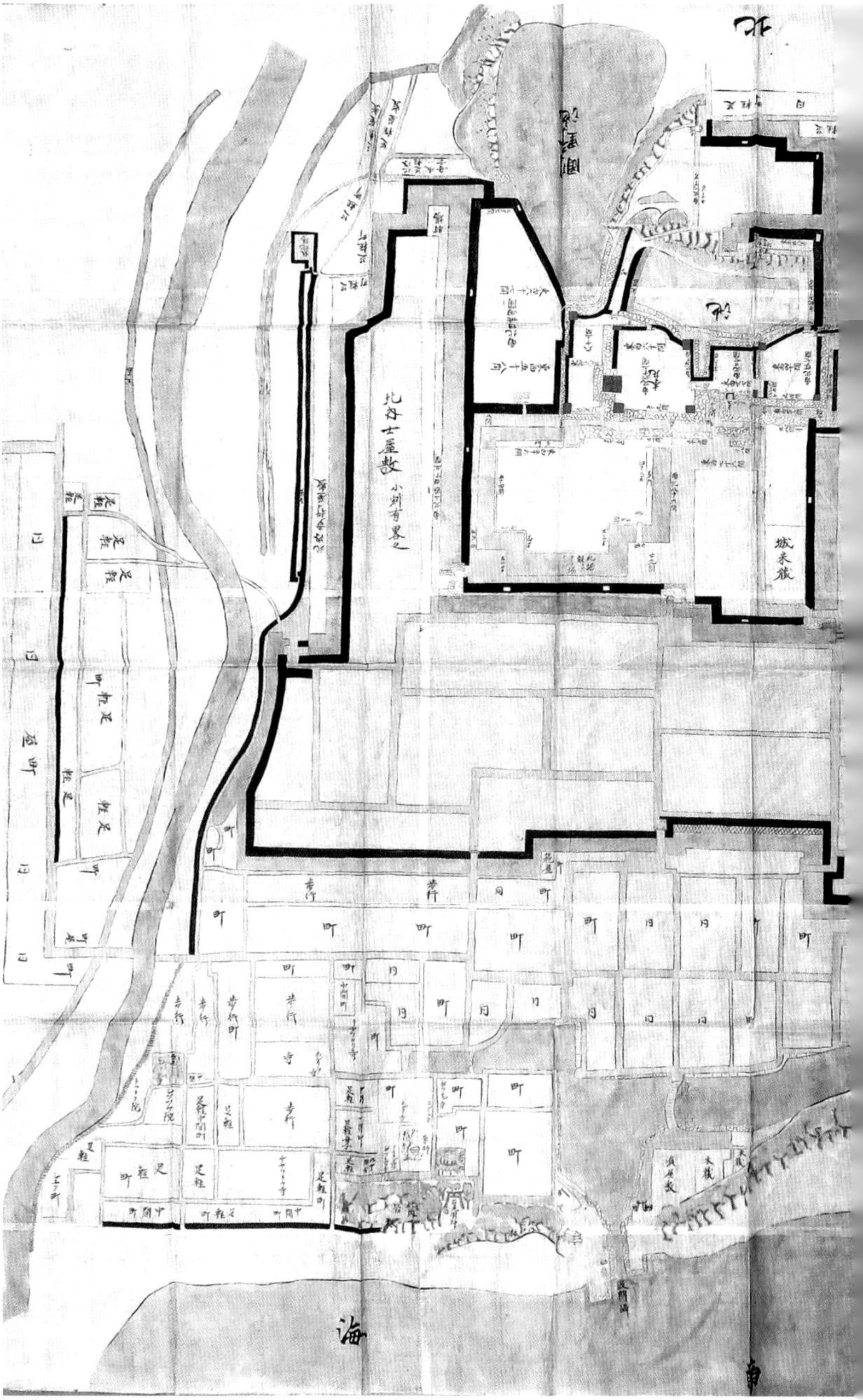

北方士屋敷
小判有界之
城米蔵
海

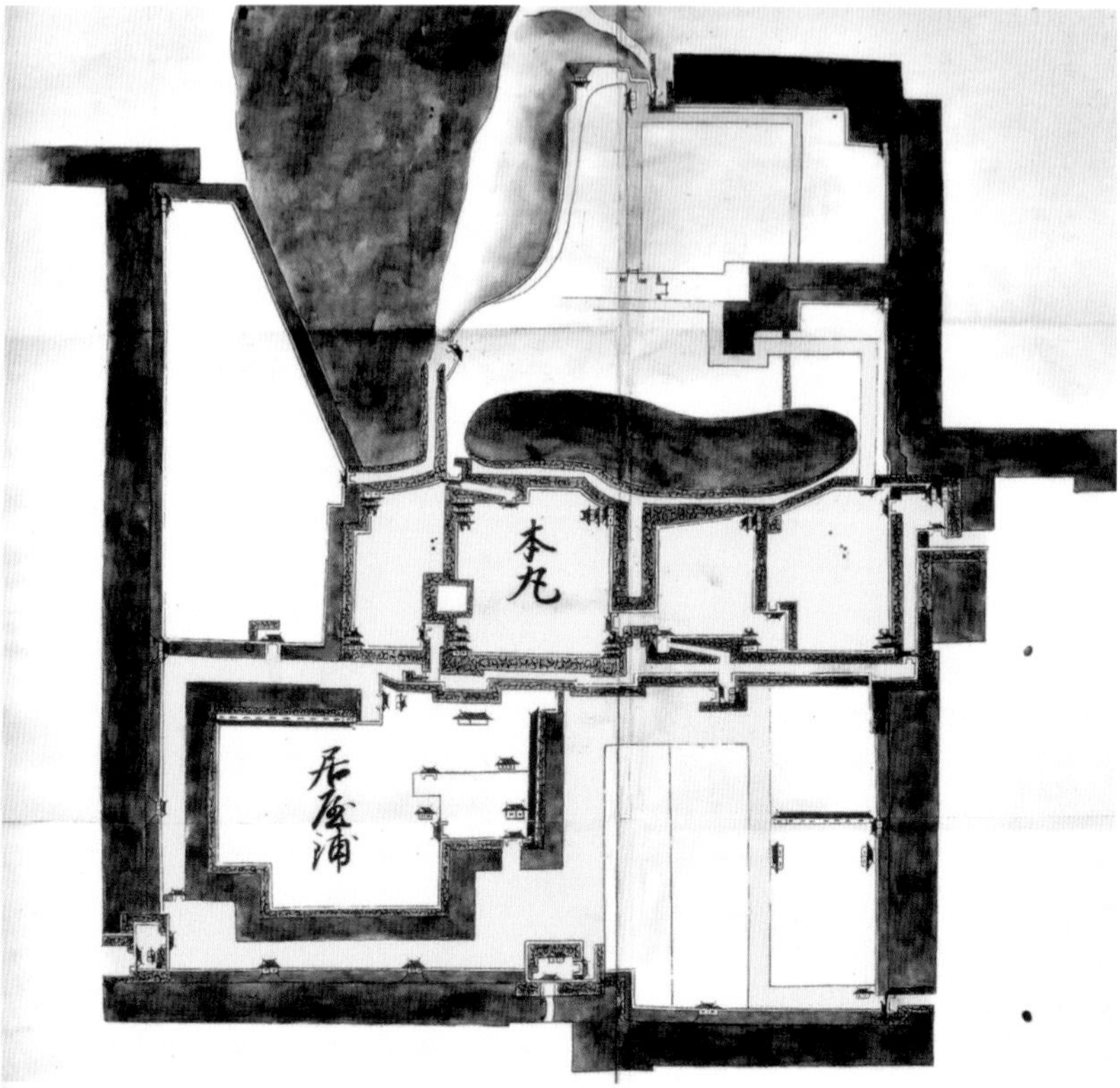

「明石城石垣修補願図」

（兵庫県立歴史博物館蔵）宮本博撮影

寛保元（１７４１）年６月に、巽櫓の南側の腰曲輪塀下の石垣が崩れたとして、元の通り修復を願った際に、明石藩が幕府に提出した絵図の写しである。６月25日に認可された。絵図には崩れた場所と規模が記載されている。前年の元文５（１７４０）年は西国で江戸時代最大規模の水害のあった年で、「松平家譜」によれば明石藩領でも６月９日と７月29日から閏７月朔日まで大雨が二度あり「水破」とある。石垣もこれで崩れたのだろうか。（110頁）

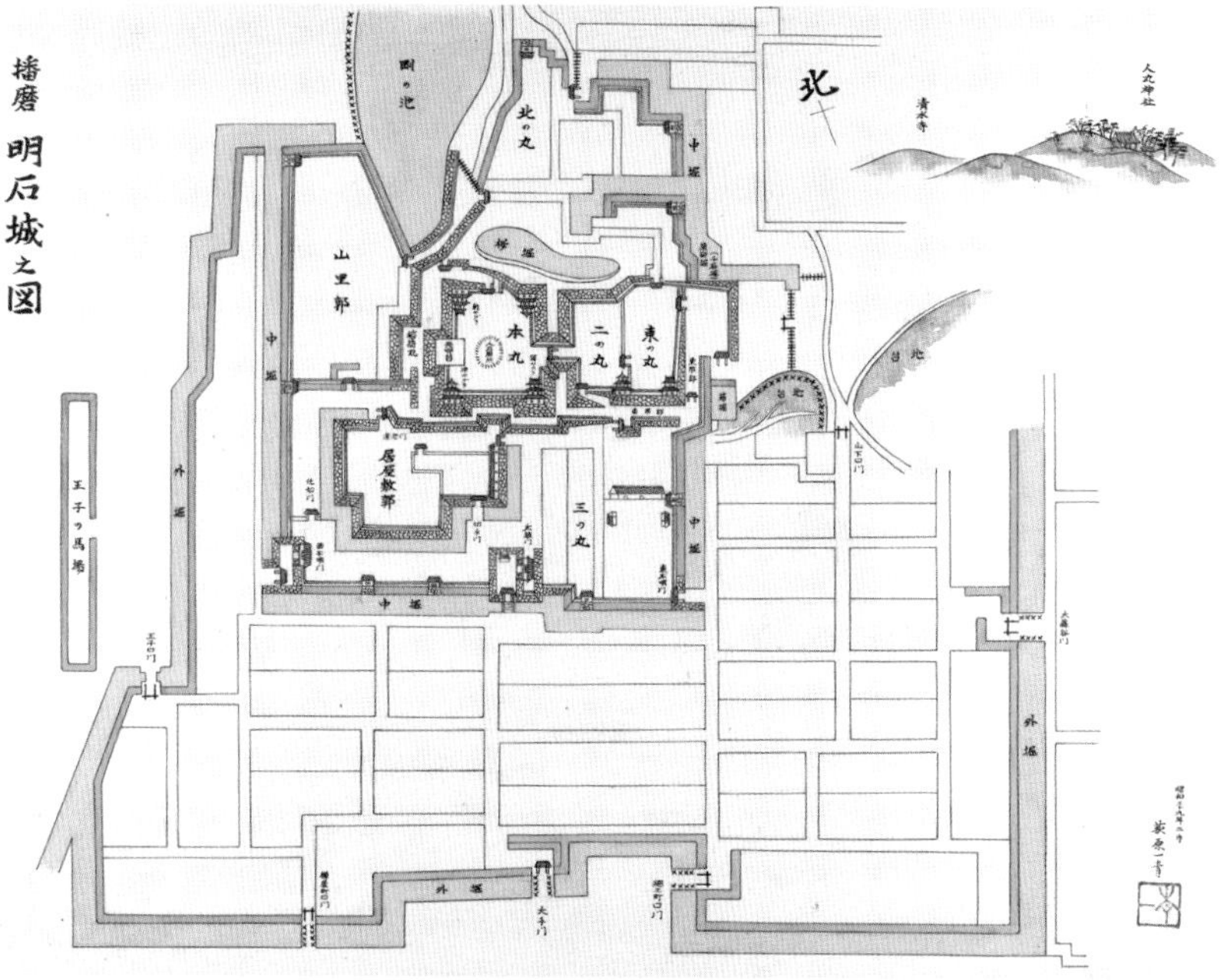

荻原一青「播磨　明石城之図」

（加藤美弥子氏蔵）尼崎市立地域研究史料館画像提供

尼崎市生まれの城郭画家、荻原一青（１９０８～１９７５年）が描いた明石城の縄張り図。右下に「昭和三十九年二月」と模写した年代が記入されている。荻原一青は若い頃、友禅の下絵書きの修業を積む一方、独学で城の研究に取り組み、全国各地の城を訪ね復元画を描いた。綿密な調査と考証をもとにした作品として進化し、68年に尼崎市民芸術奨励賞を受賞した。主要作品は静岡県熱海市の熱海城に収められたほか遺族の加藤美弥子氏が保存。『日本名城画集成』（小学館、１９７８年）として出版されたほか、尼崎城天守閣の復興を機に再評価する動きが出ている。

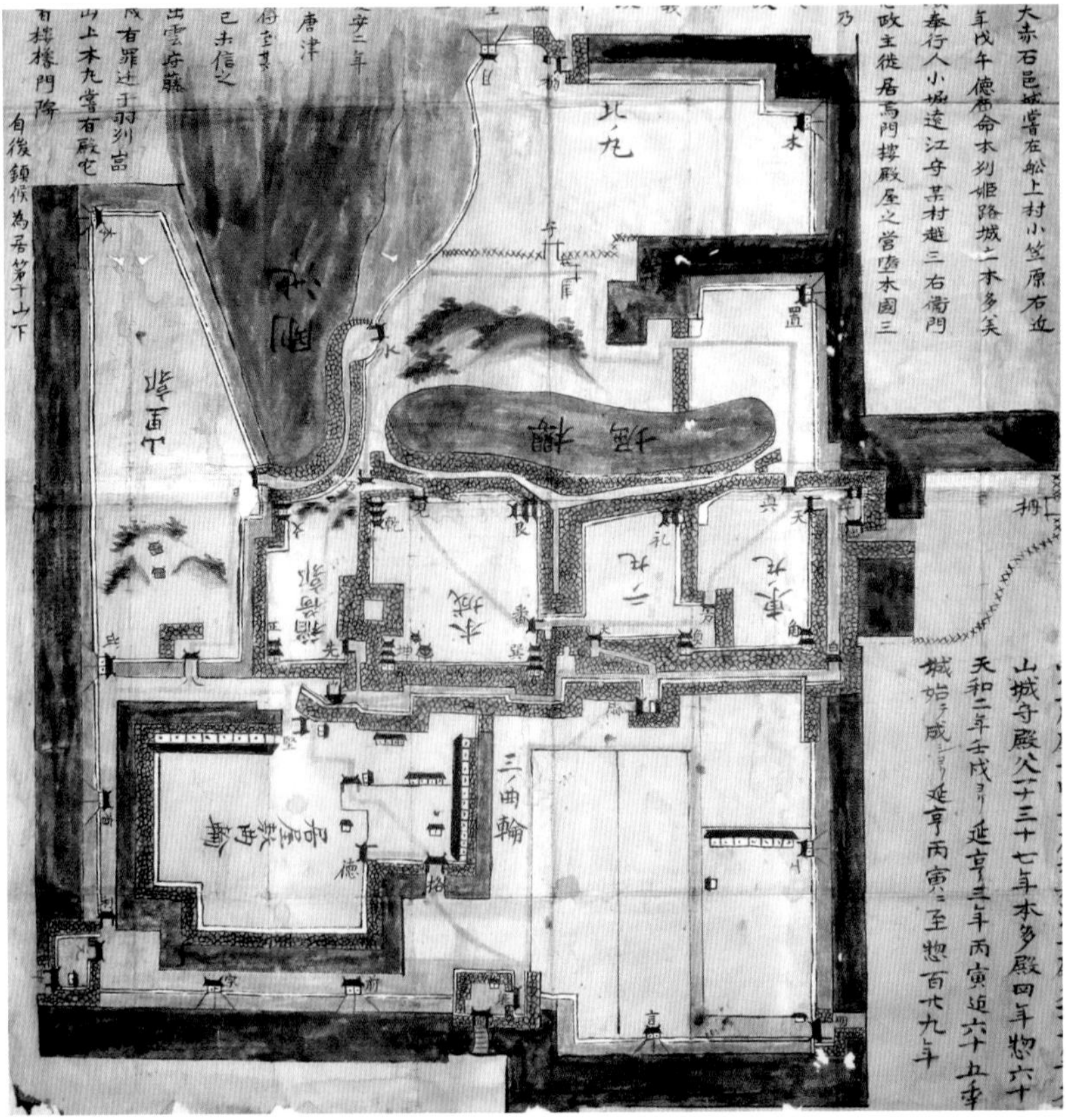

「明石城内図」

（個人蔵）宮本博撮影

城絵図の周囲に城主の変遷が記載され、末尾に「城始テ成シヨリ延亭（享）丙寅ニ至、惣百廿九年」とあり延享3（1746）年と作成年代がはっきりする絵図である。西ノ丸とか西曲輪と称されてきた郭は稲荷郭、その西の捨曲輪から樹木屋敷と称された郭は山里郭、三ノ丸が東ノ丸、鴻池は剛池と名前が変わっている。また居屋敷の東には三ノ曲輪と書かれ、これが現在の三ノ丸広場となっていく。酷似した絵図が個人蔵で存在している。（113頁）

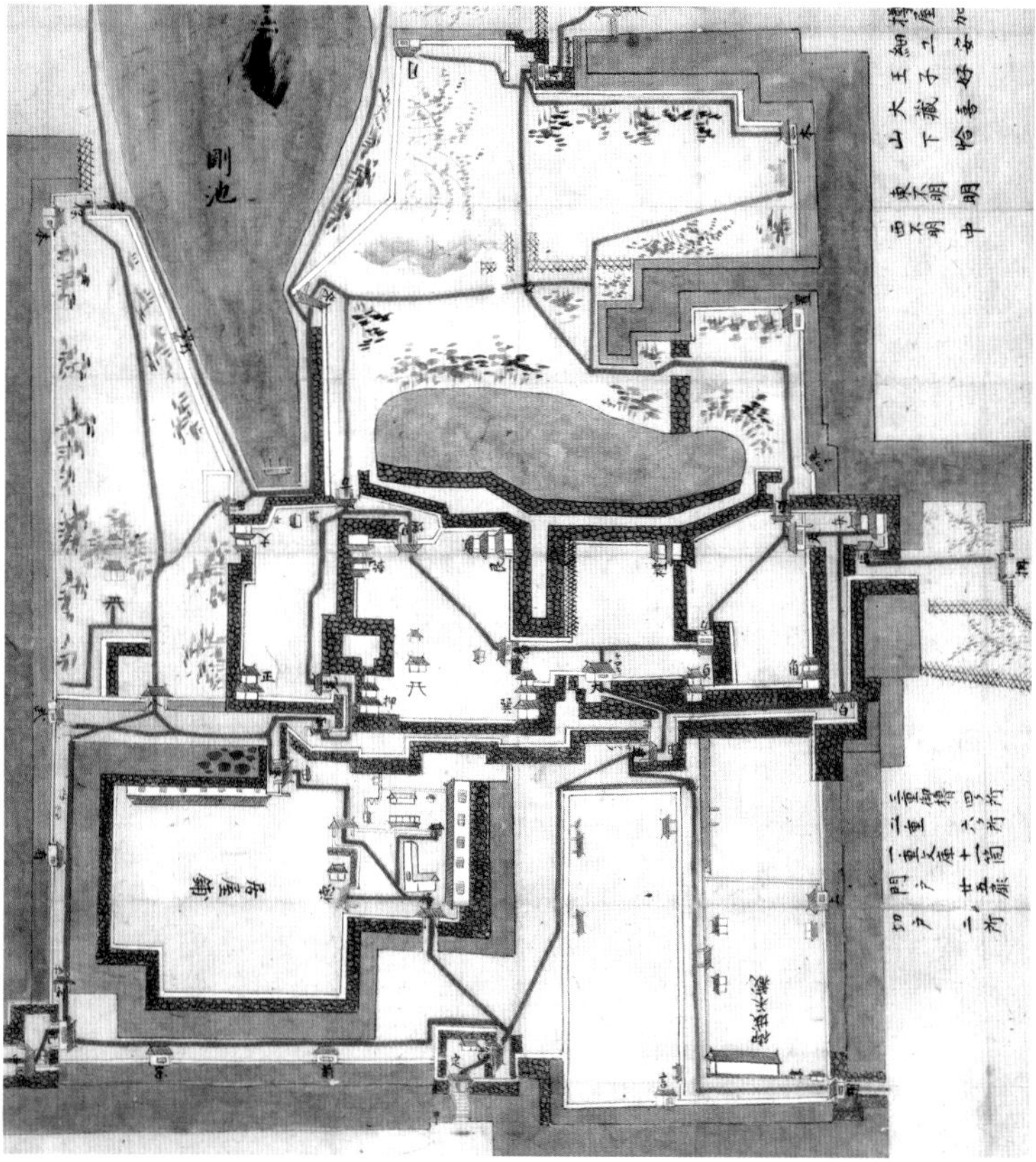

「明石城絵図」（明石市立文化博物館蔵）

天和2（1682）年から幕末まで藩主を務めた越前松平家の家老、美濃部家に伝わった絵図。「美濃部明石城内図」とも。三重櫓4カ所、二重櫓6カ所、一重文庫11カ所とあり、本丸に三重櫓、稲荷郭・二ノ丸・三ノ丸などに二重櫓が描かれている。また門は追手・樽屋・細工・王子・大蔵・山下・東不明《ひがしあかず》・西不明の8門を銘で標記している。延享3年の「明石城内図」と似ているが、南東の城米蔵などの景観は異なっている。（131頁）

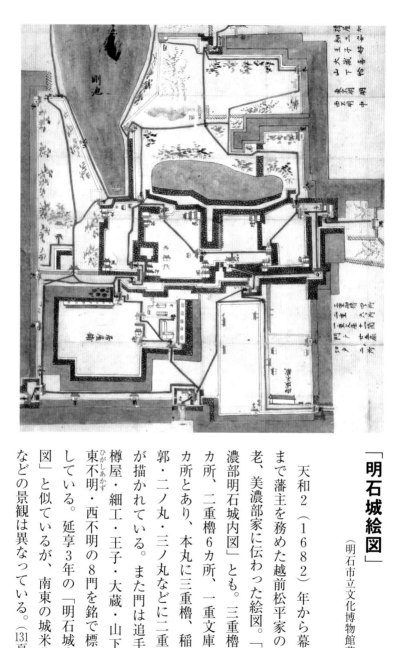

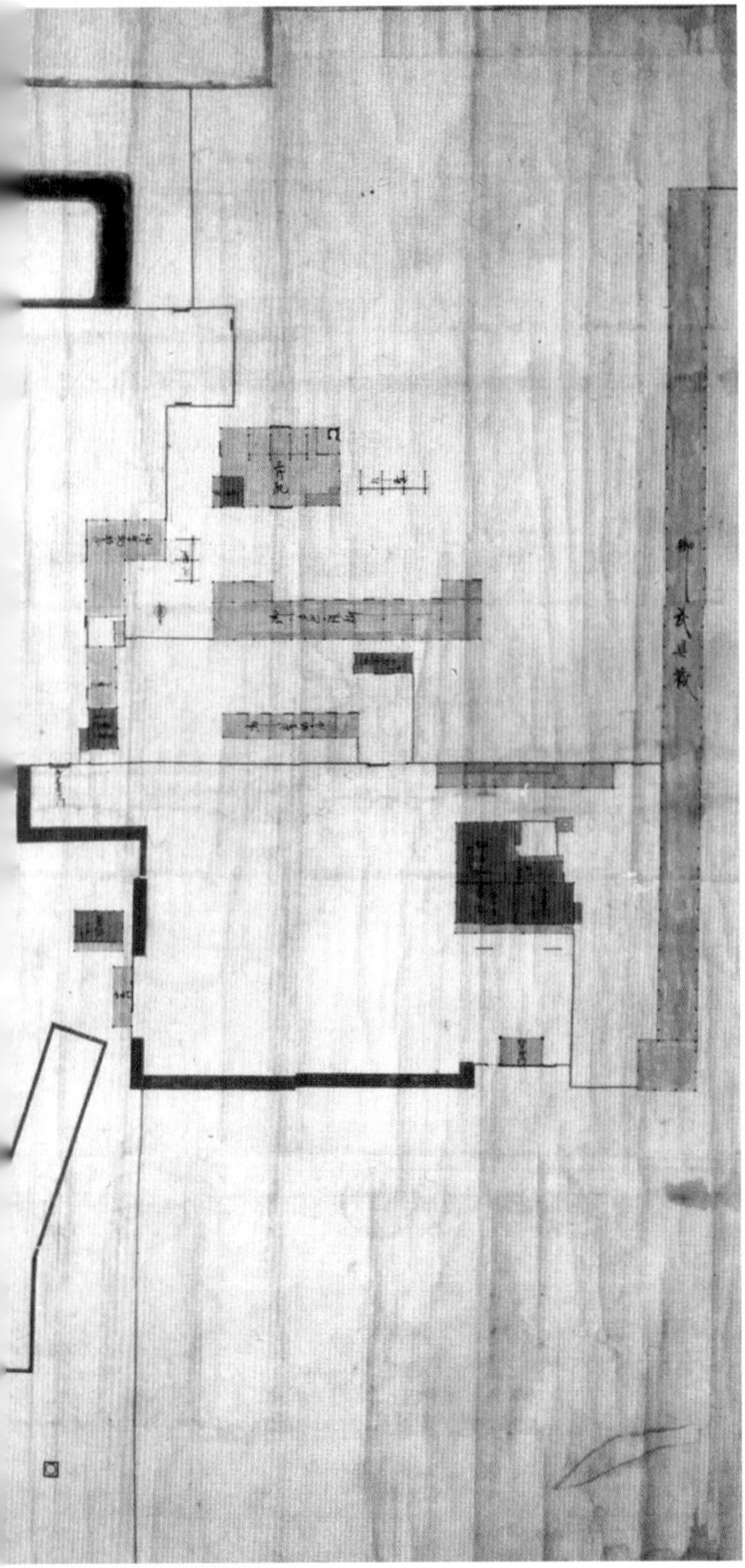

「明石城居屋敷郭御殿平面図」（明石市立文化博物館蔵）

居屋敷の内部について、間取りが詳しく描かれた唯一絵図である。絵図の茶色の部分が、藩主が政務を執った表御殿で、右下に玄関があった。その北と西側が藩主と家族のプライベートゾーン。その北側には東西に細長い馬場と武器庫が設けられていた。本丸御殿は寛永８（１６３１）年の火災で焼失し再建されなかったので、ここが政治と軍事の中心になった。幕末の絵図では「本丸」と記されたものもある。（129頁）

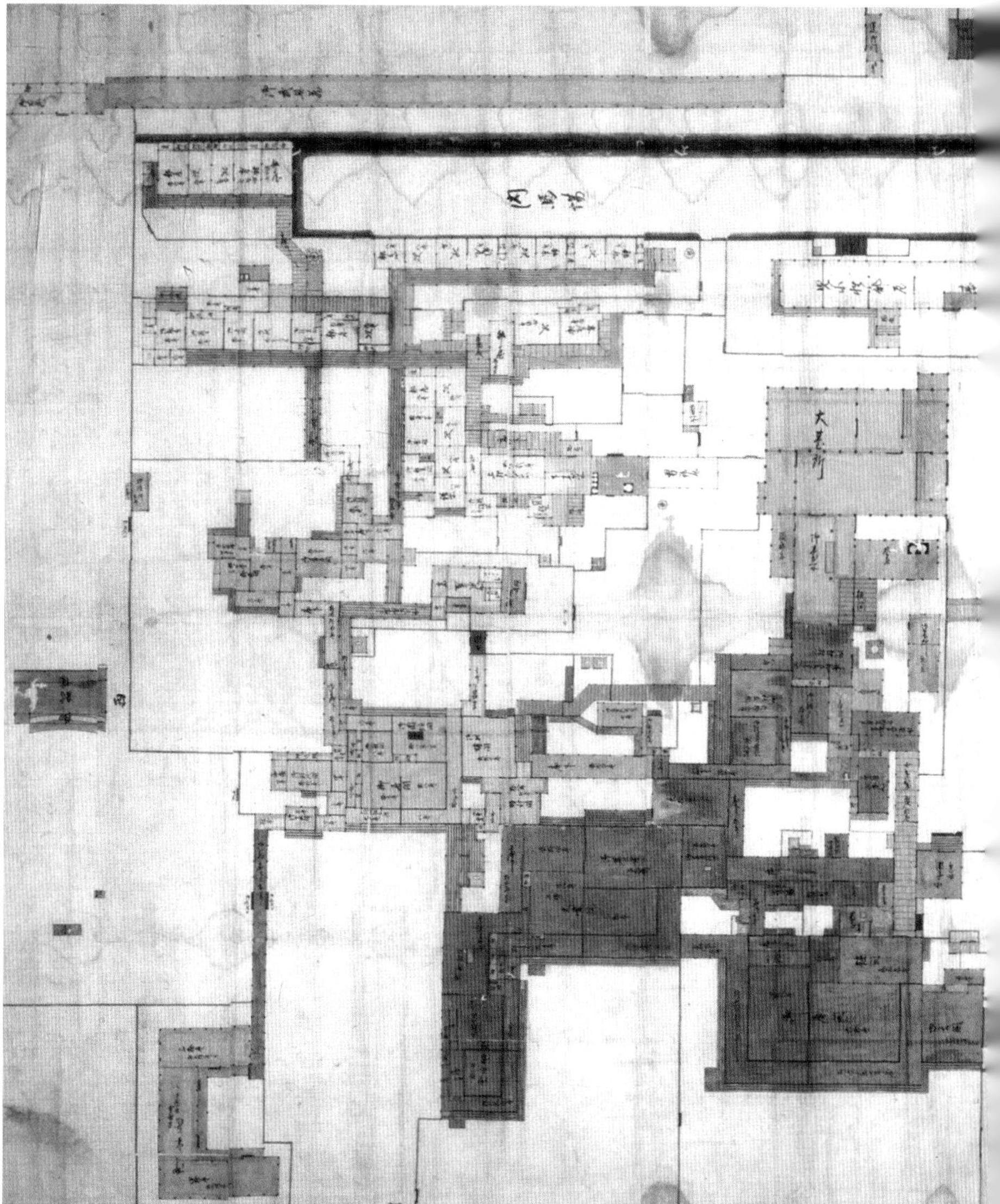

「播磨国明石郡大明石村全図」（明石市立文化博物館蔵）

明治16（1883）年の年号のある絵図である。城内は空白になっているが、居屋敷を取り囲む堀はまだ残っている。剛ノ池の東側、北出曲輪（北ノ丸）と南西側の山里郭は緑色で塗りつぶされており、荒廃が進んでいたと思われる。この年は、居屋敷へ出入りした切手門が月照寺に修築され、また国から明石城跡の公園設置が認可された節目の年に当たる。鉄道（現JR山陽本線）の敷設ルートが白いテープで示されている。（140頁、143頁）

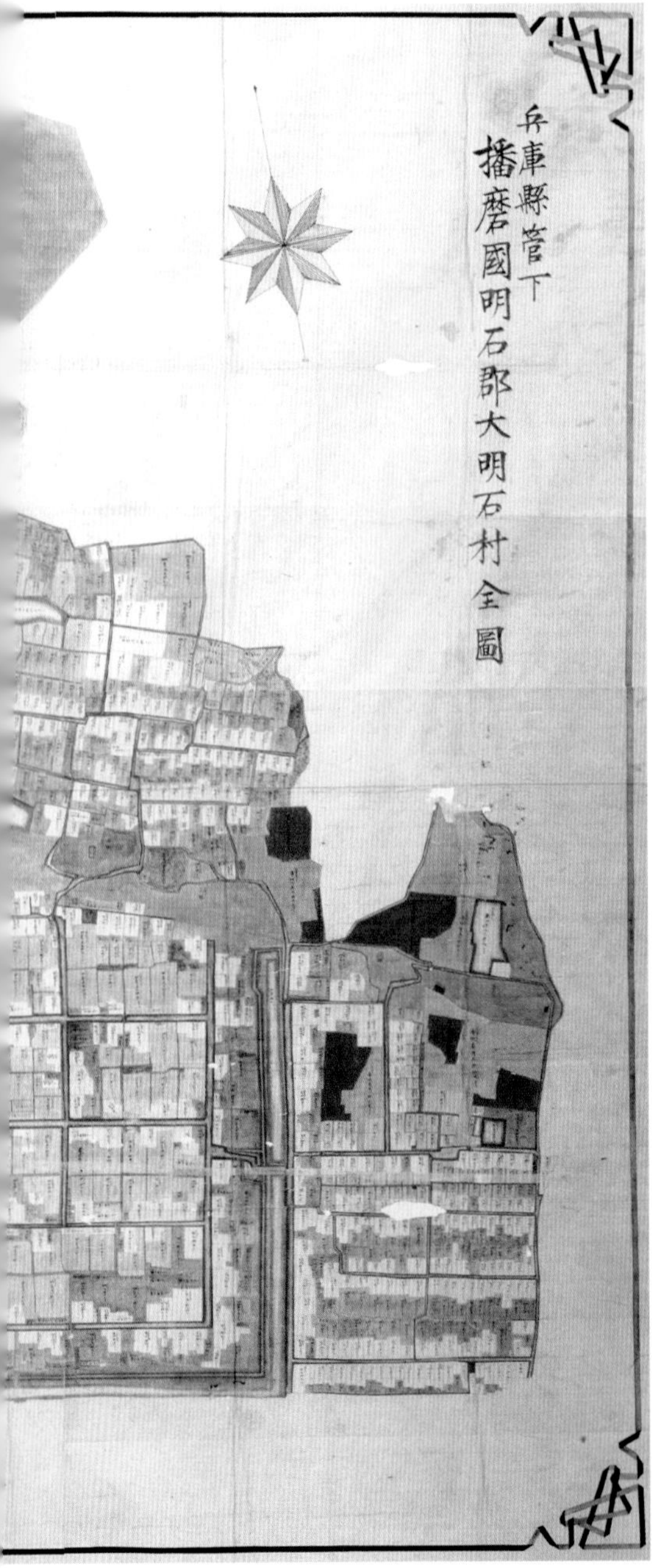

明治十六年三月縮之

「播磨国明石郡大明石村全図」

（鈴木義国氏蔵）宮本博撮影

170頁の絵図と同じ明治16（1883）年2月の年号があり、縮尺も1200分の1になっている。作者として大蔵谷村の森川治三郎・寄留武内源次郎の名前がある。城内には「旧本城　公園地」という記載もあるが公園設置はこの年の5月で認可後に加筆された。西堀端丁と追手町の角には赤く塗られ官舎とある。飾磨県の支部や学校敷地を経て、当時は明石区裁判所だった。

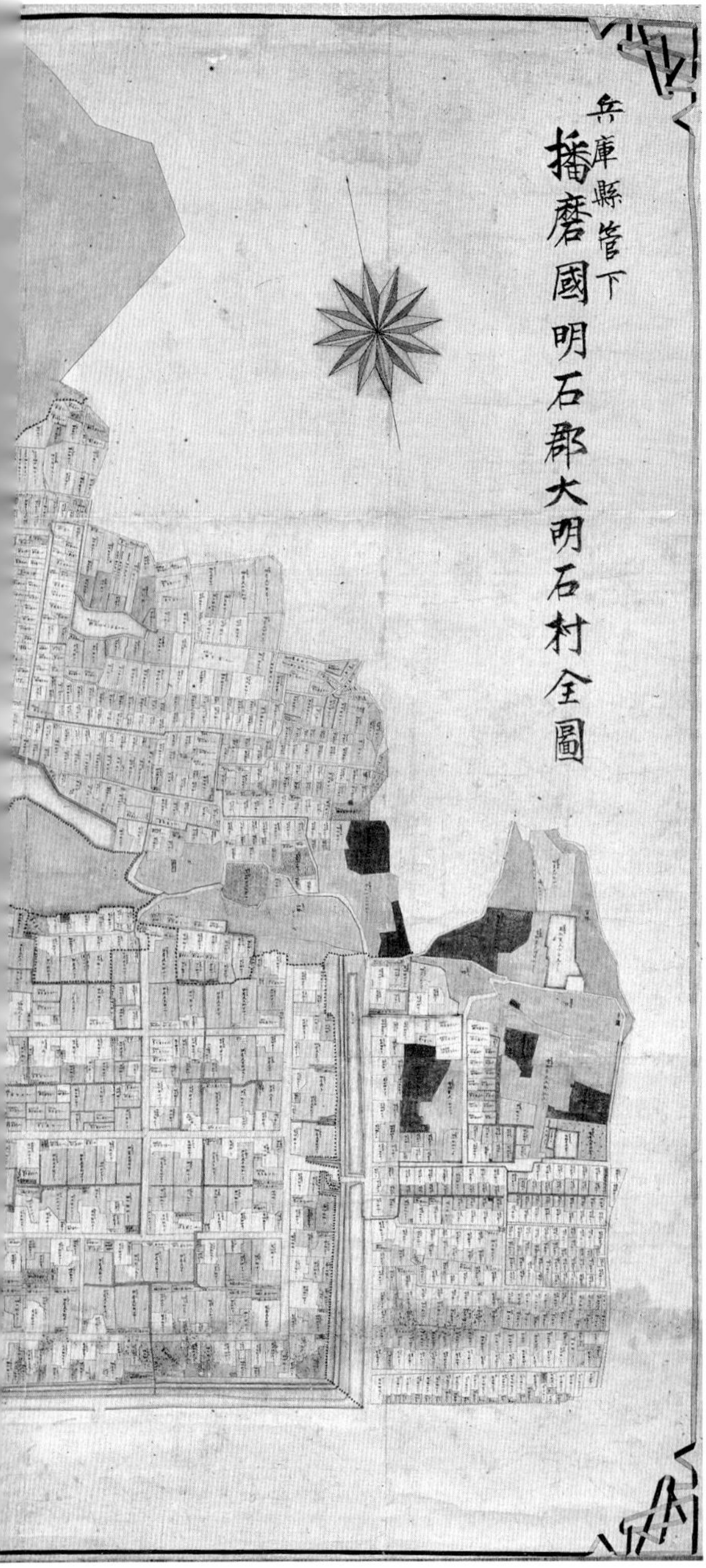

明治十六年二月縮之
明石郡大蔵谷村
森川治三郎
寄留
武内源次郎
公園地

明石城歴代城主

※歴代・城主名・明石に就任した期間／石高の順に表記

初代　**小笠原忠政《ただまさ》（のちの忠真《ただざね》）**
元和3〜寛永9（1617〜1632）年／10万石

2代　**松平康直《やすなお》**
寛永10〜寛永11（1633〜1634）年／7万石

3代　**松平光重《みつしげ》**
寛永11〜寛永16（1634〜1639）年／7万石

4代　**大久保季任《すえとう》（忠職《ただもと》）**
寛永16〜慶安2（1639〜1649）年／7万石

5代　**松平忠国《ただくに》**
慶安2〜万治2（1649〜1659）年／7万石

6代　**松平信之《のぶゆき》**
万治2〜延宝7（1659〜1679）年／6万5千石

7代　**本多政利《まさとし》**
延宝7〜天和2（1679〜1682）年／6万石

8代　**松平直明《なおあきら》**
天和2〜元禄14（1682〜1701）年／6万石

9代　**松平直常《なおつね》**
元禄14〜寛保3（1701〜1743）年／6万石

10代　**松平直純《なおずみ》**
寛保3〜明和元（1743〜1764）年／6万石

11代　**松平直泰《なおひろ》**
明和元〜天明4（1764〜1784）年／6万石

12代　**松平直之《なおゆき》**
天明4〜天明6（1784〜1786）年／6万石

13代　**松平直周《なおちか》**
天明6〜文化13（1786〜1816）年／6万石

14代　**松平斉韶《なりつぐ》**
文化13〜天保11（1816〜1840）年／6万石

15代　**松平斉宜《なりこと》**
天保11〜天保15（1840〜1844）年／8万石

16代　**松平慶憲《よしのり》**
天保15〜明治2（1844〜1869）年／8万石

17代　**松平直致《なおむね》**
明治2〜明治4（1869〜1871）年
※明石知藩事時代含む／8万石

明石城関連年表

和暦	西暦	主な出来事
元和3	1617	小笠原忠政（のち忠真）、信濃松本から明石城主となり船上城に入る。
元和4	1618	2月、将軍秀忠から小笠原忠政と姫路藩主本多忠政に、明石に新城築城の命が下され、城地の選定に入る。建設費用銀一千貫目が幕府より与えられる。
		築城開始に伴い、月照寺と柿本神社が現在地へ移る。
元和5	1619	1月、城普請開始。町割りは宮本武蔵が担う。
		8月、本丸・二ノ丸・三ノ丸の石垣と、三ノ丸の堀と土手の普請が完了。
元和6	1620	明石城が完成。小笠原忠政が移り、船上城は廃城。城内の建設工事開始（天守は建てず）。
元和7	1621	明石港を築港。
寛永3	1626	宮本武蔵の養子伊織、忠政に仕え近習となる。
寛永8	1631	1月22日、本丸の城主の御殿が焼失、下屋敷も焼失した。
寛永9	1632	正月、炎上した城の修築に着手。
		小笠原忠政、九州小倉に転封。宮本武蔵も同行する。
寛永10	1633	4月9日、松平康直、松本から明石へ移封される。
寛永11	1634	5月12日、松平康直、病没（18歳）。松平光重が襲封。
寛永16	1639	3月、光重、明石から美濃国加納に転封。4月、大久保季任（忠職）が城主に。
正保2	1645	宮本武蔵没する。
正保3	1646	正保絵図、幕府から提出命令が出る。
慶安2	1649	7月、大久保季任、備前唐津に転封。7月4日、松平忠国、丹波国篠山から入部。
万治2	1659	2月、松平忠国死去。その子信之が襲封。10月3日、松平信之、明石へ入国。
寛文2	1662	大地震で明石城石垣など損傷。
寛文7	1667	小笠原忠政、死去。

※本書記事のほか、『講座明石城史』などを参考に作成しました。

寛文9	1669	5月頃、熊沢蕃山、京都から明石城下に移る。
寛文10	1670	8月、明石に大雨風、大きな被害が出る。
延宝7	1679	6月、松平信之、明石から大和郡山へ入る。大和郡山から本多政利が明石藩へ入る。
延宝8	1680	明石藩主本多政利、宗門改めの通達を出す。5月、本多政利、人丸山の坂を修理する。
天和2	1682	2月22日、本多政利、陸奥国岩瀬郡に一万石に減封で転封される。 5月、松平直明、越前大野城から明石に入る。
貞享5	1688	松尾芭蕉、愛弟子の杜国とともに、人丸社に参詣し「蛸壺やはかなき夢を夏の月」を詠む。
元禄10	1697	松平直明、酒井若狭小浜城主とともに、没収となった津山城城地受取役として津山に向かう。
元禄13	1700	8月16日～12月8日、明石城天守台の石垣普請。
元禄14	1701	10月、松平直常、明石城主となる。
享保4	1719	明石藩主松平直常、梁田蛻巌を儒学者として招き、藩学景徳館を設ける。
享保6	1721	明石港、内川（港）の永代掘が始まる。
元文4	1739	明石城坤櫓修復。
寛保元	1741	明石城巽櫓の南の石垣修復。
寛保3	1743	4月20日、松平直純が明石城主となる。
寛延4	1751	明石築城の余材で浜光明寺本堂を再建。
明和元	1764	5月10日、松平直泰が明石城主となる。
天明4	1784	10月10日、松平直之が明石城主となる。
天明6	1786	6月6日、松平直周が明石城主となる。
文化4	1807	焔硝蔵から出火。
文化13	1816	松平斉韶が明石城主となる。
天保9	1838	明石城御殿が全焼。
天保11	1840	2月26日、松平斉宜が明石城主となる。
天保15	1844	7月17日、松平慶憲が明石城主となる。
嘉永6	1853	ペリー来航。明石藩は、大蔵谷八幡浜、出崎浜、舞子東浜で砲台築造に着手。大蔵谷で砲術

		訓練を実施。
嘉永7	1854	大地震で被災。
文久年間		舞子の浜に勝海舟設計の砲台を築く。
元治元	1864	第一次長州征討。
慶応2	1866	第二次長州征討。 8月15～16日、明石・美嚢郡に大洪水が起こる。
慶応4（明治元）	1868	戊辰戦争。 明石藩学制を制定。
明治2	1869	2月8日、松平直致が明石藩主となる。 版籍奉還、直致は知藩事になる。
明治4	1871	廃藩置県により明石県誕生、松平直致は知藩事を退任。 明石県はわずか4カ月で姫路県に統合、さらに飾磨県となる。 11月、明石で最初の郷学校が長楽寺に置かれる（翌年、貫道小学校となる）。 明石藩の建物が払い下げられる。
明治6	1873	廃城令公布。明石城は大蔵省の所管となる。
明治9	1876	明石藩士族に秩禄処分を実施。 飾磨県が兵庫県に合併。
明治14	1881	旧藩士らが明石城現状保存の願書を県に提出。明石郡の有志が公園の開設を願い出る。
明治15	1882	払い下げられた明石城の切手門が月照寺に修築される。
明治16	1883	国から明石城の公園開設の許可が下り、明石城は官有地のまま民営の「明石公園」となる。
明治18	1885	明治天皇明石に行幸、浜光明寺に宿泊。
明治19	1886	山里郭の社を本丸跡に移し、明石神社とする。
明治21	1888	山陽鉄道（現・JR）明石駅開業。
明治22	1889	明石公園保存会発足。
明治29	1896	明石公園は「明石郡立明石公園」に。

明治31	1898	明石城跡が御料地に編入され、宮内省の用地となる（公園は廃止）。
明治34	1901	宮内省が櫓を修復。
大正6	1917	橋本関雪『明石名勝古事談』の発行を開始（昭和8年までに11冊発行）。
大正7	1918	明石公園が県立明石公園となる。
大正15	1926	菊花展はじまる。
昭和6	1931	明石公園内に野球場が完成、内堀は消滅。
昭和16	1941	明石郡垂水町が神戸市に編入される。
		太平洋戦争勃発。
昭和20	1945	1～7月、米軍の爆撃。8月15日、終戦。
昭和22	1947	明石郡の伊川谷村・玉津村・櫨谷村・押部谷村・平野村・神出村・岩岡村が神戸市に編入される。
昭和32	1957	坤櫓・巽櫓が国の重要文化財に指定される。
昭和52	1977	明石公園の整備に伴う発掘調査。
昭和54	1979	剛ノ池、桜堀などの地層と石垣調査。
昭和55	1980	明石城櫓解体修理始まる（昭和57年まで）。
平成7	1995	1月17日、兵庫県南部地震発生（阪神・淡路大震災）。
		大震災からの修復・復興に伴う調査開始（平成8年9月まで）。
平成8	1996	明石城の襖絵（びょうぶ3架）がオークションに登場。
平成12	2000	3月、明石城修復工事完成。
平成15	2003	明石城武蔵の庭園完成。
平成24	2012	明石城の襖絵、三たび美術品市場に。
令和元	2019	明石城築城400年を迎える。

参考文献

仲　彦三郎『西摂大観』明輝社、１９１１年、中外書房から１９６５年に復刻
岩崎　章『明石紳士録』岩崎章、１９１３年
桜谷　忍『明石郷土史料』歴史図書社、１９７８年
橋本　海関『明石名勝古事談』中央印刷出版部、１９７４年
島田　清『明石城』中外印刷、１９５７年
黒田　義隆『史話　明石城』のじぎく文庫、１９７５年
黒田　義隆『明石市史』上、明石市、１９６０年
黒田　義隆『明石市史　資料』第六集、明石市教育委員会、１９８５年
黒田　義隆『明石藩略史』明石葵会、１９８１年
黒田　義隆『郷土明石　風土記』明石地方史研究会、１９９７年
明石公園百年史編集委員会『明石公園百年史』兵庫県、１９８７年
義根　益美「明石公園の成立と『明石公園保存会』について」『歴史と神戸』第二二五号、一九九九年
野中　勝利「近代の明石城址における公園管理主体の変遷とその背景」『ランドスケープ研究』第八〇巻五号、二〇一七年
明石城史編さん実行委員会『講座　明石城』明石市教育委員会、２０００年
黒田　亨『明石城をめぐる歴史の旅』日新信用金庫、２０００年
明石市立文化博物館『大坂夏の陣と明石藩成立』明石市立文化博物館、２００９年
明石市立文化博物館『発掘された明石の歴史展　明石城武家屋敷跡』明石市立文化博物館、１９９６年
明石市立文化博物館『明石藩の世界Ⅱ』明石市立文化博物館、２０１４年
発掘された明石の歴史展実行委員会『明石の近世　明石城築城時の姿』発掘された明石の歴史展実行委員会、２０１７年

明石民俗文化財調査団『明石の城下町―「城下町と人々のくらし」―』明石民俗文化財調査団、２０１８年
庄　洋二「小笠原忠政の明石入封と豊前への国替史料」『兵庫史学』第63号、１９７４年
北九州市立いのちのたび博物館［自然史・歴史博物館］『最後の戦国武将 小倉藩主 小笠原忠真』
　北九州市立自然史・歴史博物館、２０１８年
福田　正秀『宮本武蔵研究論文集』歴研、２００４年
濵田　昭生『宮本武蔵は、名君小笠原忠真の「隠密」だった』東洋出版、２０１２年
濵田　昭生『宮本武蔵の一生』東洋出版、２０１７年
濵田　昭生「武蔵も関わった明石城と城下町築城の秘話」『歴史と神戸』第３３２号、２０１９年
アクロス福岡文化誌編纂委員会『アクロス福岡文化誌９　福岡県の幕末維新』アクロス福岡、２０１５年
文化財建造物保存技術協会『重要文化財明石城「巽櫓」「坤櫓」修理工事報告書』兵庫県、１９８２年
大谷女子大学博物館『重要文化財明石城巽櫓・坤櫓災害復旧工事報告書』兵庫県、２０００年
文化財建造物保存技術協会『明石公園石垣災害復旧工事報告書』兵庫県、２０００年
文化財建造物保存技術協会『明石城　兵庫県立明石公園　震災復旧の記録』兵庫県、２００１年
兵庫県教育委員会社会教育・文化財課『明石城』兵庫県教育委員会、１９８４年
兵庫県教育委員会社会教育・文化財課『明石城Ⅱ』兵庫県教育委員会、１９８６年
兵庫県教育委員会埋蔵文化財調査事務所『明石市　明石城跡Ⅲ
　県立明石公園石垣都市災害復旧事業に伴う発掘調査報告書』兵庫県教育委員会、２０００年
兵庫県教育委員会埋蔵文化財調査事務所『明石市　明石城武家屋敷跡―山陽電鉄連続立体交差事業に伴う発掘調査報告書』
　兵庫県教育委員会、１９９２年
兵庫県教育委員会埋蔵文化財調査事務所『明石市　明石城武家屋敷跡Ⅱ
　神戸地方法務局明石支局新営工事に伴う発掘調査報告書』兵庫県教育委員会、２００３年
兵庫県立考古博物館『明石市　明石城武家屋敷跡Ⅲ　明石公共職業安定所増築建築工事に伴う発掘調査報告書』

兵庫県教育委員会、２０１１年
兵庫県まちづくり技術センター埋蔵文化財調査部『明石市 明石城下町町屋跡
山陽電鉄本線（明石Ⅱ期）連続立体交差事業に係る埋蔵文化財発掘調査報告書』兵庫県教育委員会、２０１４年
明石市立文化博物館『明石市　明石城武家屋敷跡Ⅰ　明石駅前広場整備事業に伴う発掘調査報告書』
明石市教育委員会、１９９４年
明石市立文化博物館『明石市　明石城武家屋敷跡Ⅱ　東仲ノ町地区市街地再開発事業に伴う発掘調査報告書』
明石市教育委員会、２０００年
明石市文化・スポーツ室文化振興課『明石市埋蔵文化財年報　平成24年度』明石市、２０１８年
前田結城「幕末明石藩の政治的動向の基礎的考察」『Ｌｉｎｋ』vol.7、
神戸大学大学院人文学科研究科地域連携センター、２０１５年
原田　伴彦『浅野文庫蔵　諸国当城之図』新人物往来社、１９８２年
木村　英明『史料　明石の戦国史』私家本、１９８５年
前田育徳会尊経閣文庫編『諸国居城図 尊経閣文庫蔵』新人物往来社、２０００年
宮本　博『明石城関連絵図資料集』明石葵会、２０１６年
宮本　博『明石城関連絵図資料集』Ⅱ、明石葵会、２０１７年
宮本　博『明石城関連絵図資料集』Ⅲ、明石葵会、２０１８年
尼崎市文化振興財団『荻原一青が描く百名城手ぬぐいのすべて展』尼崎市文化振興財団、２０１８年
大国　正美「街道絵図「行程記」の作成年代再考」『地域研究いたみ』第47号、２０１８年
大国　正美『絵図と歩く　ひょうご西国街道』神戸新聞総合出版センター、２０１８年
大国　正美「「公儀の城郭」から「藩の城郭」へ―明石城の郭の変化と機能をめぐって」『明石の歴史』第1号、
明石市編さん委員会、２０１８年
大国　正美「17世紀前半の明石藩大久保家の家臣団と武家屋敷」『明石の歴史』第2号、明石市編さん委員会、２０１９年

あとがき

「築城４００年かぁ。そら、何かせなあかんわなぁ」。明石城の築城４００年を翌年に控えた２０１８年春、この連載は、記者とのそんな緩い会話から始まった。

過去の神戸新聞明石版を調べると、明石城を真正面から取り上げた連載企画はほとんどない。「明石公園に行くとすれば、散歩か遠足、野球場か県立図書館……。そもそも城の存在を強く意識したことがない」。記者の感覚を何人かの明石市民にぶつけると、城の〝存在感の薄さ〟は多くの人の共通認識だった。市民に親しまれ、県内の観光施設では2位となる２４７万人（２０１７年度）が訪れるほど利用者は多いのに、なぜだろう。この疑問が私たちの出発点だった。

第１部のサブタイトルは、ずばり「なぜ天守は建てられなかったのか」。城といえば誰もが姫路城のような豪壮で優雅な天守をイメージする。だからこそ、それがない明石城は市民に「城」として十分には認識されていなかった。

では、なぜ天守がないのか。途中で破壊されたのか、空襲で焼けたのか、建てるのを途中で放棄したのか。本書を読んでいただいた読者は、その理由をすでにご存じだろう。

明治の廃城令で存続の危機にあった明石城を救った元士族のドラマ。築城当時、殿様のいた部屋に飾られ、今も海外に現存していた金箔のふすま絵の追跡。天下の剣豪・宮本武蔵が明石の町割り（今でいう都市計画）をしたという史実の背景。歴史に詳しいとはいえない市民と同じ立場から「なぜ」に迫り、明石城のなぞと魅力を掘り起こしていく作業は知的刺激に満ちていた。

本書の1～4章（新聞連載第1、2、4、5部）は遊軍の小西隆久が担当した。素人集団の明石総局チームでは心もとない部分は、記者でありながら近世史の研究者でもある大国正美氏（現・神戸新聞取締役技術・印刷事業本部長）にカバーしていただいた。5章「いにしえの息吹」（新聞連載第3部）を担当し、今回本にまとめるにあたって巻末の資料を監修した。

取材では多くの研究者、関係者の皆さまに助言と貴重な史料の提供をいただいた。特に明石市文化振興課文化財担当課長の稲原昭嘉氏と同課市史編さん担当の宮本博氏にはこの場を借りて深くお礼を申し上げたい。

戦国武将が群雄割拠した乱世から泰平の世へ。その過渡期に建設され、一度も戦を経験しないまま400年を迎えた明石城。これからも市民を見守る平和のシンボルであってほしい。

令和2年2月

神戸新聞明石総局デスク　木村信行

明石城《あかしじょう》
なぜ、天守《てんしゅ》は建《た》てられなかったのか

2020年4月7日　第1刷発行

編　者　神戸新聞明石総局《こうべしんぶんあかしそうきょく》
発行者　吉村 一男
発行所　神戸新聞総合出版センター
〒650-0044　神戸市中央区東川崎町1-5-7
TEL 078-362-7140 ／ FAX 078-361-7552
https://kobe-yomitai.jp/
編　集　のじぎく文庫
印　刷　神戸新聞総合印刷

ISBN978-4-343-01076-6　C0021